オルカンより
高いリターンが期待できる！

本当に資産を増やす 米国株投資

岡元兵八郎
マネックス証券 チーフ・外国株コンサルタント
兼マネックス・ユニバーシティ シニアフェロー

ビジネス社

はじめに

こんにちは、ハッチこと、岡元兵八郎です。前著『資産を増やす米国株投資入門』を世に問うてから、4年が経過しました。そして今に至るまでに、本当にさまざまなことがありました。

前著の奥付にある発行日は2020年12月15日です。そう、世界中で新型コロナウイルスが猛威を振るっている真最中です。米国のカリフォルニア州、ニューヨーク州、中国、イギリス、EU各国、マレーシア、北朝鮮、インドでは、各国や都市に出入りすることを禁じるロックダウンが実行されました。日本でも緊急事態宣言が発出されるなど、程度の差はあれども、さまざまな措置で人々の行動が制限されました。

人々の行動が制限されれば、当然のことながら経済活動は低迷します。ですからいつまでも人の行動制限を続けるわけにはいきません。感染者数は世界的にどんどん増加したものの、2022年くらいから徐々に行動制限を撤廃し、経済活動を正常化していこうという動きが見られるようになってきました。こうした正常化への動きは欧米から始まり、日本も2023年5月には、新型コロナウイルスを季節性インフルエンザと同じ「5類」にダウングレードするとともに、行動制限は徐々に解除されていきました。

しかし、経済正常化はプラスの側面だけではありませんでした。行動制限が掛かっている間、半導体などモノの生産に必要な原材料の生産が抑制され、世界的なサプライチェーンの混乱から物不足が起きたのです。かつ行動制限中のレイオフなどによって労働人口が大幅に減少したため、モノの需要に対して供給が追い付かなくなり、世界的に物価が上昇に転じました。この物価上昇には、2022年2月に勃発したロシアのウクライナ侵攻にともなう影響もあります。

物価が上昇すれば、金利も上昇します。

たとえば米国の消費者物価指数上昇率（前年同月比）を見ると、通常は1％台後半から2％程度だったのが、2021年4月から徐々に上昇圧力が強まり、2022年6月にはなんと9％に乗せました。そして、この物価上昇にともない、米国の金利は急激に引き上げられていきました。米国の政策金利であるFFレートは、2022年3月が0・33％だったのが、たった1年5カ月の間に10回にわたって引き上げられ、2023年8月には

5・33%になりました。

さらに、一部で金融不安も高まりました。2008年のリーマン・ショックほどの規模ではなかったものの、2023年3月に米国のシリコンバレー銀行と、スイスのクレディスイスが経営破綻に陥ったのです。シリコンバレー銀行の経営破綻は、この金利上昇にともなって保有していた債券の価格が急落したのと同時に、預金の引き出しが急増して資金繰りに窮《きゅう》したからです。それに続き、経営難に陥っていたクレディスイスも資金繰りが覚束《おぼつか》なくなり、最終的にはUBSに救済合併されることになりました。

新型コロナウイルスの世界的な感染拡大と、それによる経済活動の停滞、ウクライナ紛争に見られる地政学リスクの高まりとインフレの昂進《こうしん》。そして金融不安。いずれも株価にとってはネガティブな要因ばかりです。

この間、米国の株価はどうなったでしょうか。S&P500の数字を見てみましょう。同指数の2020年12月末は3756・07ポイントでした。そして、2024年9月30日は5762・48ポイントですから、この3年と9カ月で53・4%も上昇したことになります。また配当金を再投資したトータルリターンでは62・4%の上昇率です。

ちなみにこれは米ドル建てのS&P500の数字です。これを円建てにすると、現在にかけて進んだ円安による為替差益が加わるので、トータルのリターンは125%にも達します。

これをバブルの最終局面と見るべきか、それともメガトレンドの途上と見るべきか、ここは議論の分かれるところです。そこは本書の第1章で、私が世界の有名な投資家にインタビューをした話を書きますので、それが判断材料になるでしょう。結論から言えば、米国株式が優位である状況に変わりなく、これからも長期にわたって上昇すると考えています。

「今の米国株式市場は、マグニフィセント・セブン銘柄に引っ張られているテックバブルだ」、または「エヌビディアに代表されるAIバブルだ」という意見はあります。

2000年4月、米国ではドットコム・バブルが崩壊しました。日本では「ITバブル」と称していますが、米国ではドットコム・バブルと称するのが一般的です。

インターネットの黎明期《れいめいき》であり、会社名に「〇〇ドットコム」とつければ、怪しげな、根拠のないビジネスモデルを語るだけで、起業家は多額の資金を調達できました。そしてこの間、特にインターネット関連企業が多数、株式を上場していたNASDAQにおいては、NASDAQ総合指数が急上昇したのです。1996年には1000ポイント前後で推移していたNASDAQ総合指数は1998年9月に1500ポイントに達し、1999年1月には2000ポイントを突破。さらに上昇は続き、ドットコム・バブルが崩壊する寸前の2000年3月10日は5048ポイントまで上昇しました。

そしてドットコム・バブルが崩壊し、さらに2001年9月11日の米国同時多発テロの影響などもあり、NASDAQ総合指数は2004年9月30日に、999ポイントまで下落してしまうのです。ちなみにNASDAQ総合指数が、2000年3月10日の高値を更新するまでには、それから15年もの歳月を必要としました。そのくらいドットコム・バブルは深刻だったのです。

マグニフィセント・セブンとは、ご存じのようにグーグル（アルファベット）、アップル、フェイスブック（メタ・プラットフォームズ）、アマゾン、マイクロソフトで構成されているGAFAM5社にエヌビディアとテスラを加えた7銘柄のことです。そもそも世界的に影響力を持っていたグローバルIT企業の7銘柄です。2022年11月に公開されたオープンAI社のChatGPTがきっかけとなり、AI（人工知能）銘柄になったエヌビディアを中心としてマグニフィセント・セブン銘柄は大きく上昇し、S&P500の時価総額の3割を超えてきたのです。このような経緯もあり、1998年から2000年にかけて大きく上昇しITバブルをけん引したドットコム企業との比較で「AIバブル」という声もあります。でも私は違うと思うのです。

前述したように、1998年から2000年前後にかけて盛り上がったドットコム・バブルで注目された企業は、まだ海のものとも山のものともわからないようなものでした。オンラインペット用品販売のPets.com、オンライン玩具販売のeToys.com、ファッション関連のeコマースサイトであるBoo.com、1時間以内にビデオや本、食品を配送するKozmo.com、オンラインで園芸用品を販売したGarden.comなどなど。いずれも従来のリアル店舗販売をネット販売に置き換えただけで、画期的なビジネスモデルとは、とても言えないような企業が次々に登場しては、倒産していきました。まさにバブルです。

では、今のマグニフィセント・セブンはどうでしょうか。

株式市場で大きな話題になったエヌビディアは、株価が大きく上昇しているものの、今後の業績も大幅な伸びが予想されています。たとえばPERで見ると、今年に入ってからでも株価はほぼ3倍になっているので決して割安ではないものの、現時点で過度の割高感はありません。過去のエヌビディアのPERを見ると、2021年は68倍に達していまし

図表1　エヌビディア株価と予想PERの推移
期間:1999年~2026年

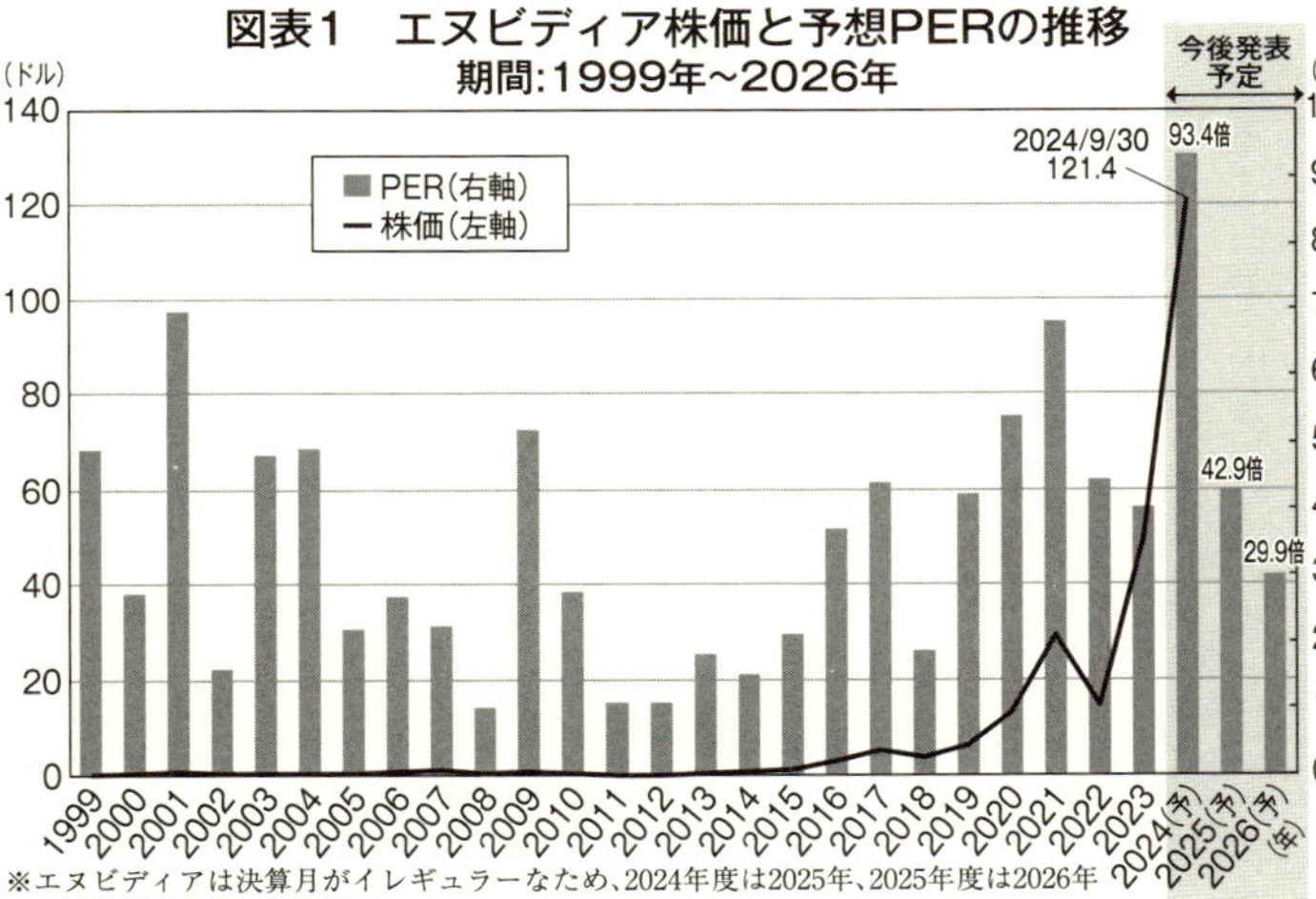

※エヌビディアは決算月がイレギュラーなため、2024年度は2025年、2025年度は2026年の予想EPSを使って計算
出所:ブルームバーグよりマネックス証券作成
(2024年9月30日時点)

たが、これは２０２１年１年間でエヌビディアの株価が１２５%と大きく値上がりしたからです。

しかし２０２５年の予想ＥＰＳを用いてＰＥＲを算出すると、42・9倍の水準にまで低下します。２０２６年の業績予想に照らせば何と29・9倍です(２０２４年10月11日現在)。これは株価が現在の水準を維持するなかで、業績が今後も着実に伸びていくことを織り込んだ数字ではありません。ただしこの前提で考えれば、エヌビディアの成長可能性はまだまだ高く、株価はバブルから程遠いと言えます。

それに、生成ＡＩがこれからどんどん普及する過程において、エヌビディアのＧＰＵ

（グラフィックス・プロセッシング・ユニット：中央演算処理装置）は必要不可欠な製品です。このためデータセンターだけではなく、工場やロボットなどにも同社のＧＰＵは使われていくでしょう。そうすると、ここで用いられている予想ＥＰＳ以上に業績が伸びる可能性もあるわけです。

個人的な話で恐縮ですが、私は今、スターリンクという、イーロン・マスク氏のスペースＸ社が提供している、衛星インターネットサービスを利用しています。これは地上の通信回線を使うことなく、自宅に設置されている小型のパラボラアンテナと６０００を超えるスターリンクの低軌道衛星がデータのやり取りを行い、他の人とコミュニケーションが取れる仕組みになっています。

ウクライナとロシア間の紛争では、ロシアがウクライナのインターネット回線を破壊しましたが、ウクライナ軍がスターリンクを使っているため重要なインフラを維持していて、有利な立場に立つことができているといいます。

そして、スターリンクを使うのに、私は毎月６６００円の使用料金を支払っています。ＣｈａｔＧＰＴも毎月２９００円払っていますし、アップルのｉＰｈｏｎｅを持つようになると、ｉＰａｄやマック、アップルウォッチ、エアパッド、ホームポッドというように、アップルのエコシステムのなかで使える、さまざまな製品も欲しくなります。

つまり、今のＧＡＦＡＭは巨大なマーケットがあって、しっかりした売上が立っているのです。海のものとも山のものともわからないようなドットコム企業ではなく、きちんと付加価値を生み出し、それを世の中に提供しているのです。その点において、ドットコム・バブルと現在とでは、まったく環境が違います。

こうしたなかで米国に投資するべきかどうか。投資するとしたら、どのような企業に投資するのが良いのかを本書を通じて考えていきたいと思います。

これは第1章で詳しく書いていきますが、米国の著名投資家の間でも、長期的な米国経済の先行きについては楽観的な見方をする人が少なくありません。

皆さんもご存じのウォーレン・バフェット氏は、「自分の資産の9割を家族のために残す。そのコツはＳ＆Ｐ５００に連動するローコストのＥＴＦで運用すること」と言っています。これは米国の未来に対して絶対的な信頼感を持っている、何よりの証拠といってもいいでしょう。

一方、米国経済や株式の見通しについてネガティブな見方をしているエコノミストや専門家がいるのも事実です。たとえば、かつてジョージ・ソロス氏の右腕として活躍したジム・ロジャーズ氏は、米国経済に対して物凄くネガティブな意見を持っています。彼の場合、相当昔から米国経済に対してネガティブであり、その見立てが完全に的を外していたことは、冒頭でも触れたように、この数年間の米国の株価上昇を見ればご理解いただけると思います。

そしてもう1人、アーク・インベストのキャシー・ウッド氏は、「女性版ウォーレン・バフェット」と言われている方で、彼女が注目している5つのテーマが、これからの世界を変えていく、いやすでに私たちの生活を変え始めていると言っています。5つのテーマとは、ゲノム解析、ロボテックス、エネルギー貯蔵、人工知能、ブロックチェーンです。

これらはいずれも破壊的イノベーションをともなうテーマです。現在、これに関連する企業の時価総額が、世界的に見て8兆ドルと試算しています。そして、これが10年後には200兆ドルに伸びるとも言っています。その過程で何が起こっていくのか。それを考えるだけでもワクワクしてきます。きっと私たちの生活は、非常に大きく変わっていくはずです。また、それによって経済的なプラスも、極めて大きなものになっていくでしょう。

たとえば自動運転。すでに米国のサンフランシスコなどの都市では、自動運転タクシーが実際に走り出しています。この完全自動運転による経済効果がどのくらいか、ご存じですか。

米国では年間4万人が自動車交通事故の犠牲になっています。その損失額を計算したところ、2300億ドルという数字が出たそうです。1ドル＝140円で計算すると、32兆2000億円にもなります。これだけの損失が1年で発生しているのを、自動運転の普及によって抑えることができたら、それは純粋に米国経済にとってプラスの効果をもたらします。

自動車の自動運転はあくまでも一例に過ぎません。その他、ロボット技術も含めて生産性が向上すればするほど、米国経済はさらに富を生み出していくはずです。目先的には、景気も株価もアップ、ダウンはあります。しかし、2030年、2040年という未来を見れば、まだまだ米国経済は成長を続けるでしょう。その成長を取りにいくのが、米国株投資なのです。

本当に資産を増やす米国株投資　目次

第4章 実際に投資してみよう

第5章 ずっと持ち続けられる外国株&ETF22選

第1章

著名投資家は今、米国株の行方をどう見ているのか

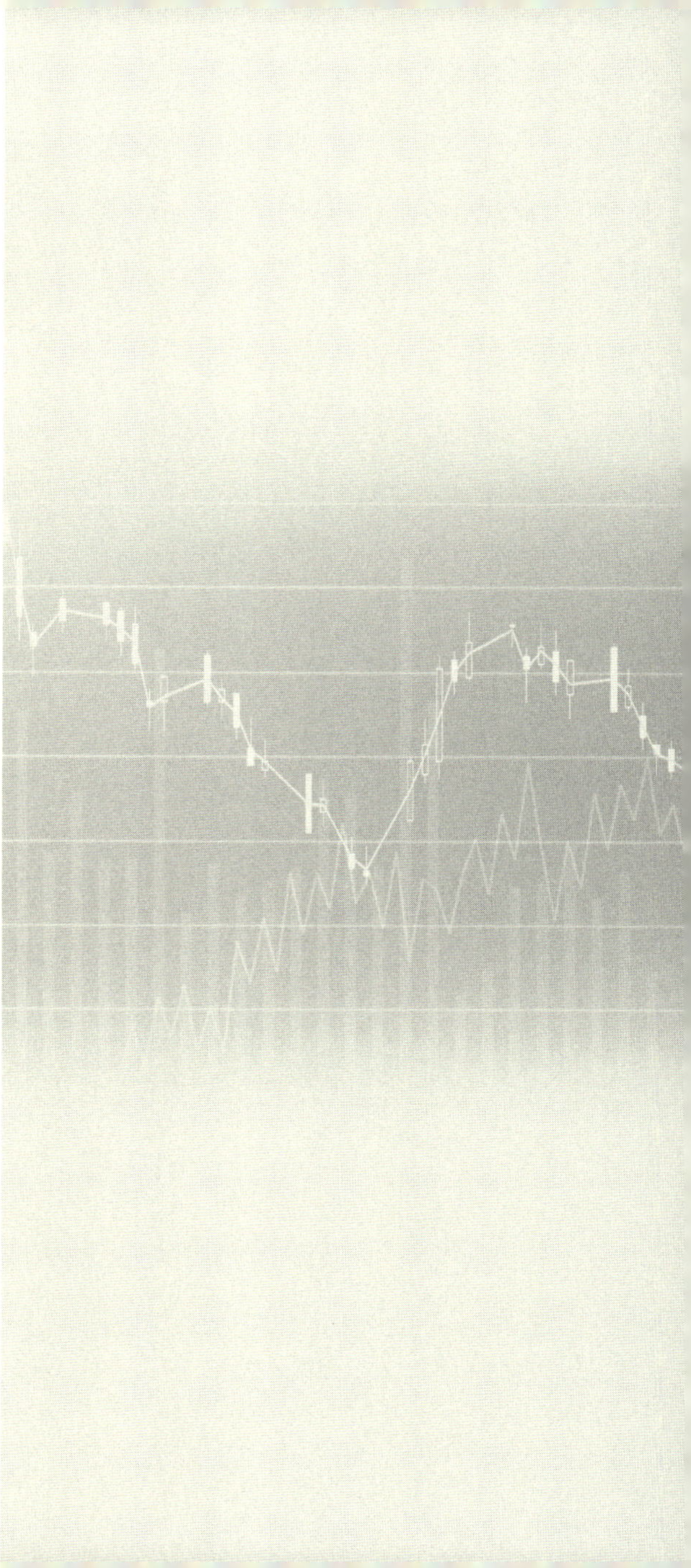

誰の話を聞くのかは重要

以前、ジム・ロジャーズ氏にインタビューした時の話です。彼の著作『インベストメント・バイカー』（邦訳『冒険投資家ジム・ロジャーズ世界バイク紀行』）を20代だった私は読んでいて、彼のことを世界への興味を持たせてくれたメンターであり、ある意味、恩人だと感謝しています。そんなジム・ロジャーズ氏は「はじめに」でも少し触れた通り米国の将来に対しては悲観的です。「巨額の財政赤字があり、いつか必ず米国株は大暴落する」と言っています。

ただ、それを言い続けて、かれこれ10年以上は経過しています。ということは、この10年間の、米国株の大きな上昇を彼はまったく取れていないことになります。それは、投資家として果たしていかがなものなのでしょうか。

そして彼は米国経済、米国株式の将来に悲観的な見通しを示す一方、中国経済や中国株式の将来については、大変ポジティブな見方をしています。

どういう見方をしようとも、それは個々人の自由なので好きにすればいいと思います。

ただ、彼は中国株式への投資について、こうも言っていました。

「私は自分が投資している中国株式を、1株たりとも売却していない。ずっと保有し続けている。それは、今のパフォーマンスをどうこうするためのものではないんだ。自分の孫が、『おじいちゃんが昔、中国の株式を買っておいてくれたから、私はすごいお金持ちになれたんだ』と思ってくれればそれでいいんだ」

つまり投資の時間軸がまったく違うのです。

これから米国株式に投資してみようと思っている人の多くは、おそらく自分自身の老後資金を効率的に増やすための対象として、米国株式を候補にしているのだと思います。今や「人生100年時代」という言葉が広く使われるほど平均寿命が延び、100歳まで生きることが現実となってきています。

実際に100歳まで生きるかどうかはさておき、これまで以上に私たちは長生きするのはまちがいないようです。年をとるとお金はいらないと思いがちですが、これはその時になってみないとわかりませんし、お金がなくて困る事態に陥ってからでは遅いかもしれません。

50代の人だったら、投資の時間軸はおそらく10数年から20年弱程度でしょう。30代ならまだ40年近い時間がありますから、ひょっとしたらジム・ロジャーズ氏の見方でもいいかもしれません。しかし投資の持ち時間が10年、あるいは20年という人にとっては、「孫に喜んでもらえればいい」と思って中国株式に投資しているような人の意見に耳を傾けても、ズレ感があることは否めないでしょう。そう、誰かの意見を参考にするとしても、その人がどういう時間軸で語っているのかを、まずしっかり認識しておくことが大事なのです。

ちなみに、私がジム・ロジャーズ氏に会ったのは２０２３年の年末でした。その時、彼は「2～3年以内に、世界市場最大の債務を抱えている米国経済が大混乱に陥る」と言っていました。ということは、２０２５～２０２６年中にはそうなるということです。

ただ、世界中すべての国がダメになるとは言っていませんでした。「新しく台頭する国、新しい産業が生まれる国はあるし、米国の株式市場もひどい状況になるとはいえ、うまくいく企業もある」と言うのです。

では、新しく台頭する国とはどこなのでしょう。

ひとつは中国です。これはジム・ロジャーズ氏が中国企業の株式を1株たりとも売却していないことからも想像できます。

他に注目している国では「ウズベキスタン」だそうです。私も15年以上前にウズベキスタンの証券取引所を訪問したことがあります。当時の市場は流動性もなく、非常に小さなマーケットだったので、時の取引所のトップは日本からの訪問者たちを珍しがって受け入れてくれたのだと思います。そのウズベキスタンには「天然資源があり、観光資源も豊富で、資本主義国である」点から、ウズベキスタンは新しいサクセスストーリーを描ける可能性が高いことを示唆していました。それとインド、アフリカです。

インドが２０２３年に人口で中国を追い抜き、世界一の人口大国になりました。また、アフリカには50以上の国があるものの、そのなかには絶望的な国もあれば、非常に偉大な国もあるという言い方をしていました。将来、有望視される国について聞いたところ、アンゴラやボツワナといった国名を挙げていましたが、「どこが有望かは、10年ごとに変わっていく」とも言っていました。

私なりに解釈をするのであれば、この手の新興国に投資するのであれば、さまざまな国の株式市場に分散投資したのと同じ投資効果が期待できる、新興国に投資するタイプのＥＴＦなどが候補のひとつに挙げられます。新興国投資の魅力については、本書でも後ほど触れていきたいと思います。

バークシャー・ハサウェイの株主総会でバフェット氏に質問してみた

2023年5月、米国はネブラスカ州にあるオマハという町に行ってきました。投資に興味のある方はご存じの通り、この町にはウォーレン・バフェット氏が経営する投資会社、バークシャー・ハサウェイが拠点を構えています。その株主総会に出席してきたのです。

この町の住民は45万人程度なのに、毎年開催されるバークシャー・ハサウェイの株主総会には、世界中から4万人もの株主がオマハに集まるといいます。ちなみにこの時、バフェット氏が言うところだと、世界45カ国から株主が集まったとのことでした。

バークシャー・ハサウェイの株主総会では、何とウォーレン・バフェット氏に直接質問することができます。バフェット氏は少なくとも60の質問を受けることにしていて、その半分は会場の株主、残りの30はオンラインの質問だそうです。

したがって当然のことながら、質問するためには抽選に当選しなければなりません。3万人の会場来場者に対して30人ですから、質問できる権利を手にする確率は0・1％です。

私の抽選番号は19番でした。そして抽選の結果、私はバフェット氏に質問する権利を得ることができました。長年、バークシャー・ハサウェイの株主総会を取材している日本経済新聞の記者によると、同株主総会で質問した日本人は私が初めてではないかとのことでした。本当にラッキーな話です。

質問者が使うスタンドマイクの前に立ち、緊張しながら質問しました。

「あなたは、『米国に逆らう賭けはしてはならぬ』と言い続けていました。今後、米国が優位性を維持するために重要なポイントは何でしょうか？」

このように質問すると、バフェット氏はこう答えてくれました。

「米国は若い国にもかかわらず、これまでに多くの試練に直面してきた。46回の大統領選挙と南北戦争を経験し、南北の政治的・社会的・経済的な違いから起きた戦いは悲劇的であったものの、米国の形成に大きな影響を与えた。

１７９０年の米国の人口は、世界のわずか０・５％しか占めていなかったのに、今や世界経済の25％を占める経済大国に成長した。米国の利点は、太平洋と大西洋に囲まれ、カナダやメキシコとの良好な隣国関係に恵まれていること。米国にもプラスとマイナスの両面があるが、それらを相殺することで住みやすい国になっている。

先週、私は歯の神経を抜いたが、局所麻酔薬のノボカインは（痛みも感じず）素晴らしいと感じた。そのような驚くべき発明がある一方、原子爆弾のような過ちもある。『党派心』が『部族主義』へと移行し、意見の対立が暴動を引き起こすことも懸念されている。そのため、民主主義を洗練させる必要がある。

私は米国で生まれて良かったと思うし、今がこれまでの米国の歴史のなかでもっとも良い時代と考えている。そんな米国でも、問題解決のためにさまざまな解決策を模索する必要があり、魔法のような簡単な解決策はない。

しかし、米国には驚くべきことを成し遂げる能力があり、予想のつかないことが起きても私は驚かないだろう。

南北戦争時、リンカーン大統領でさえも将来に対して楽観的ではなかった。それは今の状況と同じだ」

このようなバフェット氏の米国に対する見方は、米国の将来に驚くべき成果を期待しながらも株価の上昇などの短期的な視点ではなく、人生経験に基づいた洞察力を持つことにつながっていると思います。

会場では、最近話題となっているＡＩやロボティクスに関する質問もありました。

実は、私がバークシャー・ハサウェイの株主総会に参加した時、バフェット氏の右腕だったチャーリー・マンガー氏がご存命でした。

そのマンガー氏が言うには、「（バークシャーが株主である中国の大手電気自動車メーカー）ＢＹＤの工場では、信じられないほどの早さでロボティクスが進行している」「世界中でロボティクスが増えるだろう」ということでした。一方で、彼はＡＩに対する過度な期待については懐疑的で、彼らが持ち合わせているような古風な知識が、十分に機能すると考えていると語りました。

バフェット氏は、ＡＩが驚くべきことを成し遂げることができる一方で、人間の思考や行動を変えることはできないと述べました。ＡＩの出現が世界を変える可能性はあるものの、それが人間の思考や行動を変えるとは考えていないと明言。バフェット氏は、ＡＩがすべての種類のことを行うことができる時点で、それが元に戻せないものになることを心配しているようです。

さらに、テクノロジーの進歩は投資機会を奪うものではなく、新たな機会を生むことを強調していました。

新しい投資機会は他人が愚かな行動をとることから生まれ、また彼らがバークシャーを運営してきた58年間で、愚かな行動をする人々が増えてきたと述べました。短期的な結果を求める現代の世界は、5年、10年、20年という長期的な視点で考える人々にとって絶好の投資機会を提供していると語りました。

アップル株が、バークシャー・ハサウェイのポートフォリオの35%を占めていることに対する質問もありました。質問者は、バークシャー・ハサウェイがアップルの発行済株式の5・8%を保有するのは危険ではないか、と言うのです。

バフェット氏は、この質問に対して「的を射ていない」と回答し、アップルをバークシャーの株式ポートフォリオの一部として見るのではなく、会社全体の事業の一部としてみるべきだという持論を展開したのです。

バークシャー・ハサウェイの事業ポートフォリオには鉄道、エネルギー事業、シーズ・キャンディーズなど、さまざまなビジネスが含まれています。そのためバフェット氏とマンガー氏は、バークシャー・ハサウェイの投資戦略はアップルに特化したものではなく、多様なビジネスに投資を行っていることを強調しました。

さらに、アップルについては、バークシャーが保有する他のビジネスよりも優れていると強調しました。アップルは消費者との強い関係を持ち、その商品に高額を支払う消費者が多いという点で、バークシャーが１００％所有する他のビジネスとは一線を画しているというのです。ただし、その1年後、アップル株が大きく上昇し、バークシャーの株式ポートフォリオの半分を占めるようになったため、同株式の売却を始めました。世の中にはアップルの成長性に対してバフェット氏が悲観的だという見方もありました。しかし私は、ひとつの銘柄がポートフォリオの半分を超えてきたことが運用の観点から健全ではないと判断し、ポートフォリオのリバランスのための売却をしたのだと考えています。

まる1日をかけて行われたバークシャー・ハサウェイの株主総会は、とても勉強になりました。もっとも印象深いのは、どんな質問に対しても真摯《しんし》にしっかりと答えようとするバフェット氏の株主に対する誠意です。

そんなバフェット氏が、米国はさまざまな問題を抱えていても、これからも成長していくと信じていることは、米国株の投資家にとって心強いものと思われます。

投資会社ジャナス・ヘンダーソン・インベスターズが注目するアマゾン、マイクロソフト

ジャナス・ヘンダーソン・インベスターズという投資会社で、2020年からポートフォリオマネジャーを務めているブライアン・レヒト氏に、米国株式市場の長期的な見通しを聞いてみました。

まず、同社の運用スタイルについて質問してみました。長期投資という観点からすれば、個人投資家にとっても参考になるかもしれません。

同社は、ビジネスモデルに対して投資することを最優先に考えています。具体的には、投資対象企業の競争優位性は何かを理解するようにしているとのことです。

競争優位性について、レヒト氏は次の5つの側面を挙げました。

「第1は、技術的な競争優位です。ジャナスが株式を保有しているASMLホールディングは半導体製造装置の企業として、同社と同等の技術力を持つ企業は他にないと言われています。ましてや技術のない国で、同社の装置を一から作り出そうとしても、何年もかかるそうです。このように、他社が真似できない技術力こそが、何年も続く競争力へとつな

がっていくのです。

第2は、ブランド力です。代表例としては、ナイキが挙げられるでしょう。一見すると、ナイキは靴と材料を接着剤で貼り合わせているだけの企業に見えるかもしれません。しかし原価比でほぼ100％もの利益を上乗せして、自社製品を販売しています。つまり原価が5000円だとすると、それを1万円で販売しているのです。

それだけの利益を上乗せしてもなお、多くの消費者がナイキの製品を求めようとするのは、同社に高いブランド力が備わっている何よりの証拠といってもいいでしょう。

第3は、流通網です。アマゾン・ドットコムが良い例です。アマゾンで注文したことのある方なら誰でも、商品がいかに届くのが速いかということで、流通網の優位性が他社に負けないことをご存じでしょう。

第4は、ネットワーク効果です。この例としてはマッチ・グループが挙げられます。マッチ・グループは、TinderとHingeという2つのデーティングアプリの親会社です。これらの強みは、Tinderを使うユーザーが増えれば増えるほど、また、Hingeを使うユーザーが増えれば増えるほど、それぞれのアプリがより強力になり、より良い体験ができるようになることです。

第5は、コスト構造です。例として、ディスカウントストアのT・J・マックスの親会社であるT・J・X・カンパニーズが挙げられるでしょう。T・J・マックスが強力なのは、そのコスト構造と店舗ネットワークにより、多くの競合他社よりもはるかに安く商品を仕入れることができるからです。そのため、商品をより安く販売することができ、お宝探しのような環境を作り出すことができるのです」

このように5つの競争優位性を見極めた後は、その競争優位性が持続可能かどうかに焦点を当てるのだそうです。ある企業に長期投資するのであれば、長期的な競争優位性を持続できるかどうかは、重要な決め手になるのでしょう。

ジャナス社のポートフォリオの入れ替え率は、1年間で30%程度、平均保有期間は3年程度だとも言っていました。ただし理想としては、銘柄の入れ替え率を0%にしたいそうです。つまり、基本的に銘柄を入れ替えずに運用するということです。

また、ジャナス社のファンドにはGAFAM企業が入っています。GAFAMはピークだという意見も少なくないので、彼らが何を考えて投資しているのか興味深いところです。

この点について質問すると、こう答えてくれました。

「ベンチマークとしているラッセル１０００インデックスでは、ＧＡＦＡＭの比重は約36〜37％と非常に大きな割合を占めています。しかし私たちのポートフォリオでは、それよりも大幅に少なくなっています。ただし、アマゾンやマイクロソフトなどは魅力的だと思いますし、ＧＡＦＡＭすべての株式を個別に検討しています。

アマゾンといえば、多くの人が思い浮かべるのは、小売事業です。アマゾンのネットサイトで注文をすると商品が玄関にすぐ届きます。ですが、私たちがアマゾンにおいてもっとも期待しているのは、ＡＷＳ（アマゾン・ウェブ・サービス）、つまり同社が自ら築き上げ、育ててきたクラウド事業です。

ＡＷＳは現在、年換算で売上高７００億ドルのビジネスであり、直近の四半期では前年同期比37％の成長を遂げています。ですから、アマゾンの評価の大部分は、ＡＷＳで説明できると考えています。さらに、ＡＷＳに加え、２０２２年には４００億ドル近い売上が見込まれる広告ビジネスも加わるなど、アマゾンのビジネスには魅力的な部分がたくさんあると思います。

一方、アマゾンの小売事業には逆風もあります。トップライン（売上高）は減速していきます。コロナ禍による影響も無視できません。時間通りに荷物を届けるために人員を増やし、2021年はそのコストが足を引っ張りました。過剰な人員と倉庫の過剰なキャパシティを合わせると、実に40億ドルの収益性の逆風となりました。

しかし、これらは時間の経過とともに解消され、アマゾンの中核である小売事業は、非常に収益性の高い、質の高い事業となると考えています。

また私は、マイクロソフトは最高レベルの経営陣を擁《よう》する素晴らしい企業だと考えています。

同社の魅力は、コアビジネスであるSaaS（Software as a Service）ビジネスが、現在の50％以下の経常収益から、将来的には70％に成長しつつあることです。ご存じのように、同社のクラウドサービスの『オフィススイート』はシェアを拡大し続けています。その結果、同社のフリー・キャッシュフローは何年にもわたって着実に成長し、現在のバリュエーションは極めて妥当なものだと考えています」ということでした。

ちなみにこのインタビューは2022年6月23日に実施したものですから、すでに2年以上が経過しています。その後、生成AIが誕生した結果、クラウド事業が新たに脚光をあびるようになると同時に、彼らも生成AIをサービスに組み入れ、顧客に新たな利便性を提供し始めています。今でもアマゾンやマイクロソフトの魅力は変わらないと見ています。

１兆円を超えるロボティクス株式ファンドの運用をするラザード

運用残高が1兆円を突破した、日興アセットマネジメントのグローバル・ロボティクスファンド。このポートフォリオマネージャーである岸田有央《ありお》さんに、「ロボティクス」の投資についてうかがいました。

岸田氏は長年、外国株の運用をされてきた数少ない日本人ベテラン投資家の1人です。このファンドは運用が開始されてから、すでに9年間が経っており、資産を着実に増やすことを目指して、〝より確かだと考えられるテーマ〟に投資しています。

そのテーマが「ロボティクス」です。

「ロボティクス」という言葉から、工場で活躍する物理的なロボットを思い浮かべるかもしれません。しかし岸田氏のチームが目指すのはそれだけではありません。ロボットに関連する技術であるAIや画像センサー、駆動技術なども含む「ロボティクス」は、世界各国の産業のイノベーションを根幹から支えていくと考えられることから注目したそうです。

ＡＩやセンサー技術、目に見えないロボットを含むオートメーション化（自動化）をしてくれるもの全体が投資対象です。たとえば、生成ＡＩは「インビジブルロボット（目に見えないロボット）」と捉えて、「私たちがお願いをすると何かやってくれる」、「自動化をしてくれる技術なのだ」とおっしゃいます。自動車の生産過程も急速に自動化されつつあり、今後はロボットと人間が一緒に働くシステムが一般化していくと予想しています。いろいろなものが自動化されるためにはデータ分析が必要で、その自動化の世界すべてが投資対象といいます。

そんな自動化を可能にしている、世界的に注目されているのがエヌビディアのＧＰＵ（グラフィックス・プロセッシング・ユニット）です。

岸田氏のファンドでは同社株が筆頭保有銘柄になっています（２０２4年9月末時点）。エヌビディアのＧＰＵが必要とされる理由は、特にＡＩ、機械学習、データ処理といった高度な技術において重要な役割を果たしているからです。自動化の多くの分野では、大量のデータをリアルタイムで処理する必要があり、このような高速な並列処理にはエヌビディアのＧＰＵが最適とされています。

では、なぜ数多くの半導体メーカーがあるなか、エヌビディアのＧＰＵが使われ続けるのでしょうか？

同社には、ＣＵＤＡ（Compute Unified Device Architecture）という、エヌビディアが開発した並列計算のためのソフトウェアプラットフォームがあります。

これにより特にＧＰＵの高い処理能力を活かして、大規模なデータ処理や複雑な演算を高速化できるのです。

通常、ＧＰＵはグラフィック処理に使われますが、ＣＵＤＡを使うことで、グラフィック以外の複雑な計算も効率的に行えるようになります。

エヌビディアのＧＰＵを使っているエンジニアの人たちは、ＣＵＤＡを使うことがスタンダードになっています。このため今さら他社製の性能が同じで少しばかり安いＧＰＵがあったとしても、エンジニアに言わせると、改めて１から覚えなければならないそうです。

いちおう転換ツールみたいなものがあるようなのです。それでもやはり新しく転換されたものを新たに構築しなければならないため、結局使い勝手の良いエヌビディアの寡占状態が続いているようなのです。

当然のことながら、エヌビディアのシェアを取りにくる半導体企業は出てくるものの、市場自体はここからも拡大するのと同時に、エヌビディアも次世代のGPUを開発しているため、少なくとも今後数年はエヌビディアの株価の上昇が期待できそうです。

岸田氏によると、ファンド運営においては特定の銘柄に集中するのではなく、ポートフォリオ全体で安定したパフォーマンスを目指すことの重要性を強調されています。「良い企業は安い時に買い、高くなったらウエイトを減らす」という基本方針のもと、長期的なリターンを追求しているそうです。彼が手掛けるロボティクスファンドでは、IT関連銘柄が54%を占め、そのうち約30%が半導体関連です。

「投資において100%の成功は無理でも、6割の確率で正しい判断をすることが重要だ」と語っており、長期的な視点でファンドを運営している姿勢を強調しました。経験に基づく規律正しい投資手法は、リスクを管理しながらも安定したリターンを提供するための鍵であることがうかがえます。

キャシー・ウッド氏が注目する4つの破壊的イノベーション

キャシー・ウッド氏は、前にも少し触れた通り、「女性版ウォーレン・バフェット」と称されている人物で、大手運用会社で12年間、グローバルテーマ株式運用のＣＩＯとして、50億ドルもの資金を運用していました。２０１４年1月にアーク・インベストという運用会社を設立して、そのＣＥＯを務めています。

ウッド氏は２０１８年、テスラの見通しに対し悲観的な投資家がほとんどを占めていた時に同社の成長の可能性に非常に強気な姿勢でした。電気自動車市場や自動運転技術、エネルギー事業の分野における同社のリーダーシップを高く評価して、彼女のファンドは大規模な投資を行いました。

テスラの株価が20ドル台の時です。その後の２０２０年末には２００ドルを超え、彼女は市場から大きな注目を集めたのです。

そのため米バロンズ誌は２０２１年、彼女を「米国金融業界でもっとも影響力のある１００人の女性」に選びました。

ウッド氏率いるアーク社のすごいところは、投資ポー

キャシー・ウッド氏

トフォリオや取引内容を毎日公開している透明性です。その透明性が多くの投資家から信頼を集めています。

そんな彼女の投資哲学が破壊的イノベーションへの投資です。破壊的イノベーションとは何か、ウッド氏に尋ねると「テクノロジーによって可能になるものであり、市場競争のルールが根底から破壊されて、既存企業のシェアが奪われるほど革新的なイノベーションである」ということでした。

そのウッド氏が注目する4つの破壊的イノベーションのテーマ、「フィンテック」「スペース（宇宙）」「デジタル・トランスフォーメーション」「メタバース」についてそれぞれ見ていきましょう。どういう点でこれらのテーマが破壊的イノベーションなのでしょうか。

まず「フィンテック」については、「世界がデジタルウォレットに向かって進化していると考えています。デジタルウォレットは、中国の WeChat Pay が最初の例であり、私たちは、デジタルウォレットが世界中に広まり、金融サービス向けのみならず商業目的でも利用されるようになると考えています。

これはイノベーション界ではもっとも注目される動きのひとつであり、多くの企業はブロックチェーンが提供する技術を取り込むか、その準備にとりかかることになるでしょう。

たとえば、スクエア（現ブロック社）は研究開発のかなりの部分をビットコインのブロックチェーンに割いています。複数のブロックチェーンを利用する企業も出てくるでしょうが、これは大きなアイデアです。

実際、暗号資産全体の流れを見れば、暗号資産そのものに直接投資することはできなくても、私たちの投資先企業が暗号資産に触れているのです。

そして暗号資産の世界は、２０３０年までに25兆ドル規模になると考えています」と説明してくれました。

フィンテックは、簡単に言えば「金融のデジタル化」です。

これまで買い物などで決済をする必要がある時、私たちは銀行の店舗に足を運び、キャッシュカードをＡＴＭ機に入れて、いくつかのボタン操作を行って現金を引き出す必要がありました。

でも、今はモバイル決済が普及してきたおかげで、わざわざＡＴＭまで足を運ばなくても済むようになりました。割り勘だって簡単にできます。しかも、コロナ禍によって非接触取引のニーズが一気に高まったことによって、モバイル決済をはじめとするフィンテックの普及が加速しました。

そもそもフィンテックのサービスが普及したのは、アフリカ大陸からということをご存じでしょうか。２００７年から始まったMpesa（エムペサ）がそれです。Mはモバイル、ｐｅｓａはスワヒリ語でお金です。つまり「モバイルお金」です。現在、Mpesaはアフリカ大陸で年間１２２億件の取引があります。

対して、日本における電子マネー決済の件数を見ると、２０２３年の政府発表数字で61億５６００万件ですから、アフリカ大陸の半分程度しかありません。

なぜ、これだけアフリカ大陸でモバイル決済が普及したのかというと、銀行口座を持てない人が多かったからです。しかも固定電話のインフラが整備されていなかったため、固定電話の前に、一気にスマートフォンが普及してしまいました。だから、あっという間にスマートフォンを用いるモバイル決済が普及したのです。

第２の破壊的イノベーションである「スペース（宇宙）」については、「２つの大きなチャンスがあると見ています。ひとつは、現在ブロードバンドを利用していない20億から30億の人々や、ブロードバンドが非常に届きにくい遠隔地に住んでいる人々に、ブロードバンドを届けられること。そして、もうひとつ、盛り上がってきているビッグ・アイデアは、極超音速飛行です。大企業の中には、この事業機会に取り組んでいるところが出てきており、その間に位置するのがドローンです。ドローンは食料品や日用品の配達コストを大幅に削減するでしょう」ということでした。

宇宙に関しては、これはもうイーロン・マスクの世界です。地球に人が住めなくなった時に備えて、火星を人間が住める環境にし、誰もが火星まで行けるようにするには、輸送コストを下げなければならない。だから２００２年にスペースX社が誕生しました。

どうやって輸送コストを下げるのかについては、再利用可能なロケットを打ち上げるという話です。海上にスペースポートをつくり、そこに宇宙から戻ってきたロケットが着地し、そこで整備をして、再び宇宙に飛び立てるようにするのです。

そして、その前哨戦《ぜんしょうせん》になるのがスターリンクです。２０２４年6月現在で、スターリンクが打ち上げている小型衛星が６２１９機、地球の周りを回っていて、それを通じてインターネット通信ができるようになっています。ウッド氏が言った「現在ブロードバンドを利用していない20億から30億の人々や、ブロードバンドが非常に届きにくい遠隔地に住んでいる人々」に対して、このスターリンクはブロードバンド通信の道を切り開いているのです。

「デジタル・トランスフォーメーション」については、「コロナ禍では非常に重要なトピックとなり、２０２０年にはゼロタッチ、ゼロコンタクトが大きなテーマでした。このテーマはあらゆるものをデジタル化しようとする動きを加速させ、テクノロジーの進化により実現に至りました。

あらゆるセクターがデジタル化され、デジタルに変貌《へんぼう》を遂げ、私たちはハイブリッド・ワークへと移行し、現在ではほとんどの企業がハイブリッド・ワークを行っています。週に数日、出社する人もいれば、フルリモートで出社せず、自宅で仕事をする人もいます。まさにデジタル化の恩恵といえるでしょう。加えて医療もデジタル化していくことによって、いよいよ遠隔医療が現実化します」ということでした。

このデジタル・トランスフォーメーションのベースになるテクノロジーは、ＡＩです。生成ＡＩであるＣｈａｔＧＰＴが２０２２年11月にリリースされて、一気に普及してきました。医療とＡＩという観点で考えると、たとえば新薬開発の時間を短縮できる可能性が高まります。

新薬を開発するためには、さまざまな種類の膨大な情報を収集しながら実験する必要があります。この手間を、ＡＩの活用によって一気に短縮できる可能性があるのです。結果、新薬開発にかかるコストを大幅に下げることもできるでしょう。

もっと言うと、ＡＩがスクリーン上ではなく、リアルに動ける存在になっていきます。たとえば部屋を掃除してくれるロボット掃除機です。これにはカメラとＡＩが搭載されていて、カメラを通じて部屋のどこに何があるのかをＡＩが機械学習し、マッピングしたとおりに部屋を自動的に掃除してくれます。

自動車の自動運転もＡＩの得意とするところです。ＷＨＯ（世界保健機関）のデータによると、毎年１１９万人が交通事故で命を落とし、２０００万人から５０００万人がケガを負っているそうです。実はこうした事故の94％は、ヒューマンエラーが原因だそうです。自動運転が普及すれば、確実に自動車事故による悲劇を減らせるでしょう。

これはテスラ社のケースですが、ＥＶの自動運転タクシーを全米の大都市で展開するロボタクシー計画が進んでいます。

しかもＥＶを動かすのに必要な電気は、ソーラーパネルで太陽光を利用するということです。タクシーにとっての二大コストは、ドライバーの人件費とガソリン代です。ＥＶの自動運転タクシーが普及すれば、二大コストを一気に削減できます。既存のタクシー会社にとっては、まさに破壊的イノベーションでしょう。2024年6月、アーク社はそんなテスラの2029年の目標株価を2600ドルと発表しました。2024年10月25日現在、269ドルのテスラ株が5年でほぼ10倍になっていくのか、非常に興味深いところです。

そして最後の破壊的イノベーションである「メタバース」については、このように説明しています。

「メタ・プラットフォームズ（旧フェイスブック）が典型例で、同社は仮想世界であるメタバースに社の将来を託しました。

若者が使う自由裁量時間の半分以上はオンライン上で費やされています。仮想世界はこの先も進化を続け、特に若者の成長にともない、消費の面でより大きな部分を担うようになると私たちは考えています」

このように目新しいイノベーションが登場すると、必ずそれを否定する人が出てきます。

たとえばiPhoneが初めて世に登場した時、「あんなものがビジネスで使われるはずがない」と言ったのは、当時のマイクロソフトのCEOでした。タッチパネル式で物理キーボードが存在しない。それも1機500ドルもする。当時、この手の端末には必ず物理キーボードが付いていました。スマートフォンの元祖はブラックベリーで、これには物理キーボードが付いていたのです。

昔の話になりますが、テレビが世に出てきた時も、映画業界からは「絶対にテレビは流行《はや》らない」という声が上がったそうです。

フィンテック、宇宙船、モバイル決済、自動運転、メタバースも、必ずこれらに反対の声を上げる人がいます。

でも、時間の経過とともに、これらは徐々に人々の間に受け入れられていくでしょう。こうしてイノベーションが進んでいくのです。

第2章

なぜ米国株に投資したほうがいいのか

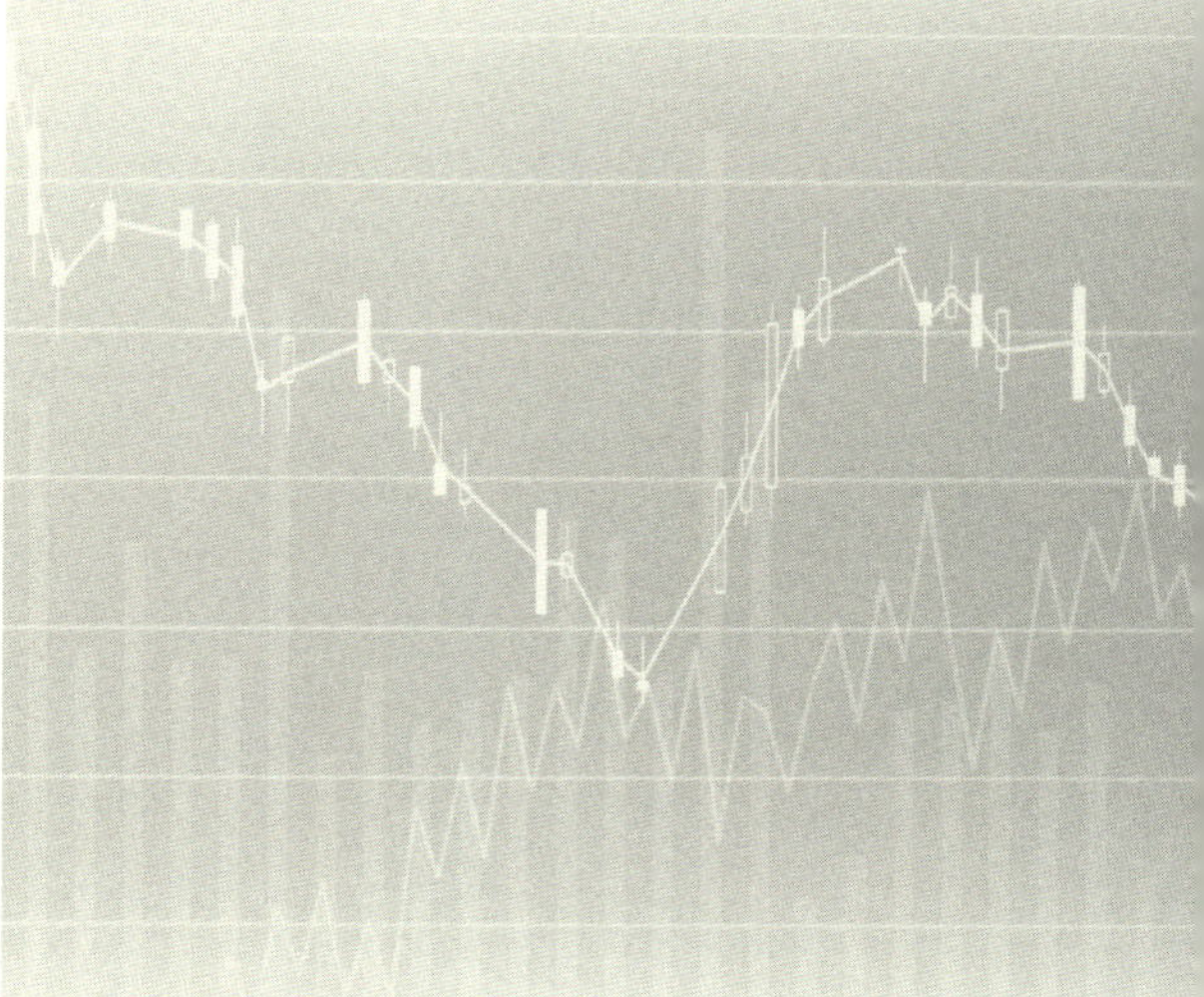

多様性が支えるイノベーション

先にも触れたバークシャー・ハサウェイの株主総会で、私は同社会長のウォーレン・バフェット氏に質問する前に一言、彼に対してお礼を申し上げました。

今はもうなくなってしまった会社で、かつて米国にはソロモン・ブラザーズという投資銀行がありました。キング・オブ・ウォールストリートと言われていたくらいの、まさにウォール街では最強の投資銀行などと言われていたのです。そこに私は新卒で入社しました。で、その時のソロモン・ブラザーズの筆頭株主が、バフェット氏だったのです。

といっても、それについてのお礼ではありません。

ソロモン・ブラザーズは米国国債のプライマリー・ディーラーとして名を馳《は》せていたものの、1991年に米国国債の入札関連で不正が露呈しました。その結果、ソロモン・ブラザーズは信用を失い、倒産寸前まで追い込まれてしまいました。その時、バフェット氏がソロモン・ブラザーズの暫定会長の座に就任し、米国議会で「ソロモン・ブラザーズの従業員を代表して、米国の皆さまにお詫び申し上げます」と言って頭を下げました。ここからバフェット氏はソロモン会長などのシニアマネジメントを解雇し、私を雇用した元ソロモン・ブラザーズ東京支店長のデリック・モーン氏をCEOに任命し、リストラを行いました。これによって、ひとまずソロモン・ブラザーズは倒産を免れたのです。

当時の私はニューヨークの本社勤務で、結婚間近でした。正直、この事件のゴタゴタで、「新婚早々、失業者かよ」などと暗澹《あんたん》たる気持ちでいたのですが、バフェット氏が議会で頭を下げて下さったことで、失業せずに済みました。そのことに対するお礼を、ひとこと申し上げたかったのです。ちなみに、この一件のおかげで一般のアメリカ人もバフェット氏の名前を知ることになったのです。

そのお礼をしたうえで、第1章で触れた米国経済の強さについて質問してみました。その時の答えが秀逸で、強いか、弱いかについて語るのではなく、米国がこれまでたどってきた歴史を語ることによって、そこから知らしめるのです。

曰《いわ》く「米国は1776年に建国された、非常に若い国だけれども、これまで多くの試練に直面してきた。46回の大統領選挙を経験し、南北戦争もあった。その経験は非常に悲劇的だったけれども、それが米国という国の骨格を築いた。そして経済大国となった今でも、まだ解決しなければならない問題はあるものの、米国は驚くべきことを成し遂げる能力があり、予想のつかないことが起きても私は驚かない」ということです。はっきりとした答えは言わなくても、あの時、会場にいた人たちの大半は納得したと思います。もちろん、私も同じでした。

特に、「米国は驚くべきことを成し遂げる能力があり、予想のつかないことが起きても私は驚かない」という点は、本当にその通りだと思います。だからこそ、これまで米国は、さまざまなイノベーションを進化させてきました。

なぜ、イノベーションをここまで起こすことができるのでしょうか。

まず国の構造が多民族・多宗教国家で、多くの米国民が移民をルーツにしていることと深い関係があると思います。

最近は日本でも、「ダイバーシティ」という言葉が盛んに用いられるようになりました。多様性を意味する言葉です。しかし、なぜ日本がダイバーシティを声高に叫ばなければならないのかというと、そもそも多様性に欠ける国だからです。

これに対して米国は、そもそも建国の時点からダイバーシティの国だったのです。

米国がどれだけ多民族国家であるかについては、2000年に行われた米国国勢調査において、調査対象者のルーツについて調べた内容が非常に興味深いところです。

図表2　2000年に行われた米国国勢調査：米国民の先祖のルーツは？

順位	祖先のルーツ	人口	%	順位	祖先のルーツ	人口	%
1	ドイツ人	43,095,518	80.30	51	混血	648,620	1.20
2	アイルランド人	30,524,799	56.90	52	カナダ人	638,548	1.20
3	イングリッシュ(イギリス人)	24,509,692	45.70	53	フィンランド人	623,519	1.20
4	アフリカ系アメリカ人	23,078,410	43.00	54	コロンビア人	583,986	1.10
5	アメリカ人	20,496,252	38.20	55	ハイチ人	548,199	1.00
6	メキシコ人	16,603,717	30.90	56	アングロサクソン系アメリカ人	469,772	0.90
7	イタリア人	15,635,567	29.10	57	グアテマラ人	463,502	0.90
8	ポーランド人	8,977,173	16.70	58	チェコスロバキア人	441,403	0.80
9	フランス人	8,307,566	15.50	59	レバノン人	440,279	0.80
10	スコットランド人(イギリス人)	4,890,581	9.10	60	ボヘミア人	425,768	0.80
11	オランダ人	4,539,369	8.50	61	スカンジナビア人	425,099	0.80
12	ノルウェー人	4,477,725	8.30	62	アルメニア人	385,488	0.70
13	スコットランド系アイルランド人	4,319,232	8.00	63	クロアチア人	374,241	0.70
14	スウェーデン人	3,998,303	7.40	64	ルーマニア人	358,905	0.70
15	アメリカン・インディアン	3,611,064	6.70	65	ベルギー人	348,278	0.60
16	プエルトリコ人	2,652,598	4.90	66	イラン人	338,266	0.60
17	ロシア人	2,652,129	4.90	67	ハワイ人	331,540	0.60
18	ヒスパニック	2,451,109	4.60	68	エクアドル人	322,965	0.60
19	フランス系カナダ人	2,349,684	4.40	69	スペイン人	295,067	0.50
20	中国人	2,269,312	4.20	70	台湾人	293,568	0.50
21	インド人	2,174,459	4.10	71	ペルー人	292,991	0.50
22	フィリピン人	2,116,478	3.90	72	ホンジュラス人	266,848	0.50
23	スペイン人	2,074,216	3.90	73	東欧人	253,228	0.50
24	ヨーロッパ人	1,968,696	3.70	74	パキスタン人	253,193	0.50
25	不正入国者	1,789,309	3.30	75	アジア人	238,960	0.40
26	ウェールズ(イギリス人)	1,753,794	3.30	76	ユーゴスラビア人	230,926	0.40
27	メキシコ系アメリカ人	1,640,692	3.10	77	ニカラグア人	230,358	0.40
28	アジア系インディアン	1,451,140	2.70	78	カンボジア人	197,093	0.40
29	デンマーク人	1,430,724	2.70	79	ブラジル人	181,076	0.30
30	ハンガリー人	1,397,991	2.60	80	ラオス人	179,832	0.30
31	アメリカ先住民	1,364,337	2.50	81	ラテン系アメリカ人	175,772	0.30
32	韓国人	1,190,353	2.20	82	スロヴェニア人	174,833	0.30
33	アフリカ人	1,183,316	2.20	83	北欧人	163,657	0.30
34	ポルトガル人	1,173,691	2.20	84	ガイアナ人	162,456	0.30
35	ギリシャ人	1,153,038	2.10	85	ナイジェリア人	161,323	0.30
36	日本人	1,103,241	2.10	86	トリニダード島人	158,993	0.30
37	キューバ人	1,097,594	2.00	87	西インド人	147,222	0.30
38	宗教的回答者	1,089,597	2.00	88	タイ人	145,290	0.30
39	ブリティッシュ(イギリス人)	1,035,133	1.90	89	シリア人	142,897	0.30
40	ベトナム人	1,029,150	1.90	90	エジプト人	142,832	0.30
41	スイス人	910,069	1.70	91	モン族	140,528	0.30
42	ドミニカ人	908,531	1.70	92	セルビア人	140,337	0.30
43	ウクライナ人	892,774	1.70	93	西欧人	125,300	0.20
44	チェコ人	832,843	1.60	94	アラビア人	120,665	0.20
45	エルサルバドル人	802,743	1.50	95	パナマ人	119,415	0.20
46	スロバキア人	797,764	1.50	96	トルコ人	117,575	0.20
47	ジャマイカ人	736,513	1.40	97	スラブ人	116,415	0.20
48	チェロキー族	734,748	1.40	98	アルバニア人	113,661	0.20
49	オーストラリア人	730,336	1.40	99	スペイン系アメリカ人	111,781	0.20
50	リトアニア人	659,992	1.20	100	イスラエル人	106,839	0.20

出所：アメリカ合衆国国勢調査局「Census 2000」よりマネックス証券作成

それによるとドイツ人やアイルランド人、イギリス人、アフリカ系アメリカ人といったところが上位を占めており、100以上のルーツに分かれています。「不正入国者」が25位にランキングされるところが、米国らしいところではあります。

米国の著名な経営者だって、純粋な米国人なんてほとんどいないでしょう。エヌビディアの共同創業者であるジェイスン・フアンCEOは台湾系米国人で、9歳の時に両親、兄と共に米国に移住してきた移民です。またイーロン・マスク氏は南アフリカで生まれ育ちました。アルファベット（グーグル）のCEOを務めるスンダー・ピチャイ氏は、インドで生まれ育ち、米国の大学に留学して、今に至っています。スンダー・ピチャイ氏があるインタビューで話していましたが、彼が幼少だった頃、インドの家には電話がなかったそうです。

そういう人たちが米国に移住してきて、そこで教育を受け、米国や世界を大きく変えるビジネスに従事しています。人種のるつぼとまで言われるほどの多様性があるからこそ、米国はイノベーションがどんどん加速していくのです。

加えて国の制度がイノベーションに向いていることもあります。

たとえば米国合衆国憲法修正第1条にある「言論の自由」は、活発な意見の交換を促し、新しい考え方、新しいビジネスアイデアが出やすい環境をつくります。そもそも米国政府の政策は基本的にビジネス寄りです。結果、米国の公共政策を見ると、伝統的に起業家精神、中小企業やスタートアップを支援するものが中心です。

移民を中心とする国の骨格、そこから生まれる政策、制度がイノベーションを後押しするようにできているのです。

ベスト・アンド・ブライテストが集まる国

前述した多様性とも深い関係があると思われるのが、高い教育機関の存在です。世界中の優秀な子供たちにどの国で学びたいかを聞くと、おそらく多くの子供は米国を挙げると思います。

USニュース社が作成した「2022−2023年世界大学ランキング」によると、世界でトップクラスとされる20の大学のうち、何と15の大学が米国です。それ以外はイギリスが4校で、カナダが1校入っているだけに過ぎません。

このランキングに入っているような、優秀な大学で学ぶことは、将来の出世のパスポー

図表3　2022-2023年 世界大学ランキング
世界のトップ20の大学のうち15が米国に

	大学名	所在地		大学名	所在地
1	ハーバード大学		11	イェール大学	
2	マサチューセッツ工科大学		12	ユニヴァーシティ・カレッジ・ロンドン	
3	スタンフォード大学		13	インペリアル・カレッジ・ロンドン	
4	カリフォルニア大学バークレー校		14	カリフォルニア大学ロサンゼルス校	
5	オックスフォード大学		15	ペンシルベニア大学	
6	ワシントン大学（シアトル）		16	プリンストン大学	
7	コロンビア大学		16	カリフォルニア大学サンフランシスコ校	
8	ケンブリッジ大学		18	トロント大学	
9	カリフォルニア工科大学		19	ミシガン大学	
10	ジョンズ・ホプキンズ大学		20	カリフォルニア大学サンディエゴ校	

出所：U.S.News ＆ WORLD REPORT

トになります。なかにはこのような大学で学んだあと、自国に戻って活躍する人もいますが、そのまま米国に残って就職、もしくは自分で起業する人も少なくありません。まさに世界中から集まったベスト・アンド・ブライテスト（もっとも聡明な人々）が、米国のビジネスを支えていると言ってもいいでしょう。

また、教育システムもイノベーティブな人物を輩出する大きな要因だと思われます。今、日本も暗記一辺倒だった学習スタイルを問題視し、探求や独創的な思考を重視する学習スタイルに切り替えようとしています。ところが米国の学習スタイルはすでにそれを確立し、深化させています。すでに一日の長なんてものではない、彼我《ひが》の差が生じてしまっています。日本では東京大学と京都大学が最高学府などと言われていますが、その２つの大学とて、世界大学ランキングのトップ20には入っていないのです。

もうひとつ、日本に世界のベスト・アンド・ブライテストが集まらない理由がありま す。それは賃金の低さです。

最近はようやく日本でも初任給を高めにする企業が増えてきました。「ユニクロ」や「ジーユー」を展開するファーストリテイリングは、２０２３年1月に初任給を30万円に引き上げることを発表して話題を集めましたが、世界の水準からすれば、初任給30万円は決して高いほうではありません。国によって事情が異なるので一概には言えませんが、ウイリス・タワーズワトソン社の「2019 Starting Salaries Report」によると、初任給（年収）がもっとも高い国はスイスの８００万円超で、それに次いで米国が６００万円超、ドイツが５００万円超、ノルウェーが４００万円超となっていて、日本は韓国やシンガポールと並んで２００万円超のところにいます。

しかも、これは２０１９年段階の数字で、当時の円は、今よりもはるかに高かったことも加味しなければなりません。現状において、海外から見た日本の平均的な初任給や賃金は、とても安く見えるはずです。

同じ仕事内容で賃金が倍以上も違うなら、それは米国の企業で働きたいと思うのが普通でしょう。逆に日本で働きたいという人がいるとしたら、それは米国のような競争社会では生きていけないと考えている弱気な人か、よほどの日本マニアかのいずれかです。

もちろん米国で優れた教育を受けるためには、非常に高額な授業料を負担しなければならないという経済的な問題はあります。でも英語が話せて、本当に優秀な頭脳を持っている人は、米国の大学で優れた教育を受け、そこを卒業したら、高額のサラリーが約束されている米国企業で働きたいと思うのが普通です。

このように教育機関と企業を合わせて、世界中のベスト・アンド・ブライテストが集まりやすく、自由な発想が出やすい環境が米国にはあり、だからこそイノベーションが次々に起きるのです。

ひとつ、興味深い数字があるので、触れておきます。世界知的所有権機関（WIPO）が作成している「イノベーション指数ランキング」です。2023年の数字を見ると、1位がスイスで、2位がスウェーデン、米国は3位です。以下、4位がイギリス、5位がシンガポール、6位がフィンランドと続き、日本は13位でした。

リスクテイキングの文化

リスクテイキングもイノベーションを起こすうえで重要な要素です。リスクを取ることと、失敗することを恐れない文化が米国には定着しています。

たとえばソフトを開発する際にも、日本は完璧に作り上げてからリリースします。これに対して米国でそんなことをする開発者は、おそらく1人もいないでしょう。通常はベータ版といって、正式版をリリースする前に、ユーザーに試用してもらうためのサンプルのソフトウェアを提供し、使いにくい点、バグの存在などを洗い出してから正式版をリリースします。完全を期すのではなく、走りながら考え、修正していくのです。

そのため米国では「失敗してもやり直せばいい」、「失敗しても次があるからいいじゃないか」というように、むしろ失敗することが奨励されるような文化があります。だから、企業も失敗を恐れることなく、チャレンジできるのです。

日本企業の場合、どうしてもリスクテイキングがしにくい環境にあります。これは知人に聞いた話ですが、30代で某大手金融機関の課長になったばかりの人が転職をしようとした時、上司からこう言って止められたそうです。

「お前、うちの会社で課長になる意味ってわかっているか。大した苦労をすることなく、安定して高い給料がもらえるんだぞ」

この言葉を聞いた瞬間、そのやる気のある30代課長は、ますます転職する意思を強く持つようになったということです。

この上司のような考え方が、日本企業の常識として定着しているとしたら、それはリスクテイクしないでしょう。失敗するかもしれないけれども、事が上手く運べば業績が大きく伸びる、そんなビジネスアイデアがあったとしても、それが成功したところで給料が大幅に増えるわけでもなく、むしろ失敗した時に責められて、自分の立場が危うくなるのであれば、何もしないほうが得です。日本企業によく見られる稟議制、合議制は、組織として失敗をできるだけ少なくするための牽制装置と考えることもできます。

このような組織である以上、日本企業が積極的にリスクテイキングする組織になるのは、容易なことではありません。

報酬制度の違いや、人材の流動性の高さも、リスクテイキングの文化につながります。

米国の会社では、個々人の業績に応じて給料が大きく変わってきます。当然、業績に貢献する働きが認められれば、昇進、昇給が約束されます。

たとえばイーロン・マスク氏の報酬です。２０２４年6月に開かれたテスラ社の定時株主総会で、株主が約５００億ドルもの株式報酬パッケージを承認したというニュースが流れました。１ドル＝１４０円だとすると、５００億ドルは7兆円に相当します。それが許されるのが、米国の資本主義なのです。

イーロン・マスク氏としても、これだけの報酬を株主に認めてもらえた以上は、何とかしてその期待に応えようと頑張るでしょう。もちろん、何の成果も上げられなければクビになりますが、働きに見合った成果が得られるのであれば、やはりリスクを積極的に取ってでも成功させようという気持ちになるはずです。

また、米国企業は人材の流動性が日本企業に比べて格段に高い状態にあります。つまり、より良い待遇、より高い報酬を求めて、転職を繰り返すのが普通です。そして、現状よりも良い条件の会社に転職できたら、その待遇に見合うだけのパフォーマンスを上げるために頑張るのが、米国流の働き方です。

ちなみに、日米の平均賃金を比べても、米国で働いたほうが良いと考えるのが自然です。もちろん語学力は必須です。その条件さえクリアできるなら、少なくとも経済的には米国で働いたほうが豊かになれます。

たとえば1991年から2022年までの31年間で、日米の平均賃金にはどれだけの差が生じたのかご存じですか。

1991年の日本といえば、バブル経済の最終局面です。当時、米国の平均賃金は5万2224ドルで、日本のそれは米ドル建てだと4万3379ドルでした。それでも1万ドルの差はあったのに、今は絶望的なまでの差になっています。ちなみにこの31年で、日本の平均賃金はほとんど伸びず、2022年のそれは4万1509ドルで、米国だと7万7463ドルでした。倍とまでは言わないまでも、この差は相当なものです。最近の日本でも賃金を上げようとする試みが行われています。ただし、相当な賃上げをしないと、これまで低く抑えられてきた分のキャッチアップは難しいでしょう。

それに加えて、経営者や従業員が働いている会社の株式を持つことも、モチベーションにつながっていきます。報酬の一部を現金ではなく株式で渡す企業も、米国には少なくありません。

もちろん、日本企業でも「持株会」を通じて、自分の働いている会社の株式を保有する制度はあります。ただし、どうも日本企業の場合、働くモチベーションを高めるための制度というよりも、会社に忠誠心を持たせるための制度という色彩が強く感じられます。

でも米国においては、会社への忠誠心を持たせるためというよりも、社員のモチベーションを高めるために、報酬の一部を株式で払ったりします。

それを受け取った社員としては、自分が会社に貢献すれば株価が上がり、配当金を支払っていれば増配もされるでしょう。自分が保有する資産の価値も上がります。結果、積極的にリスクテイキングして会社の業績を上げ、ひいては自分自身の実入りを良くしようというモチベーションにつながっていくのです。

偉大なプラットフォーム国

米国という国は、世界中からさまざまなものを引き寄せる、非常に強い吸引力を持っています。

前述した例で申し上げると、優秀な学生が米国の大学、大学院を目指すのは、まさにその典型例といってもいいでしょう。金融市場を見ても、多くの国が外貨準備で米国の国債を買っていますし、米国のさまざまなファンドには、海外の機関投資家、年金などの資金がたくさん集まり、そのファンドを通じて運用されています。世界銀行による2023年の対内直接投資額（FDI）を見ると、日本への対内直接投資額は199億ドル（約3兆円）であるのに対し、米国は3488億ドル（約52兆円）もあります。その差は実に約17倍です。

対内直接投資とは、外国の投資家が直接、当該国の企業に経営参加や技術提携を目的にして行う投資のことで工場建設なども含みます。つまり日本企業よりも米国企業に投資したほうが、より多くのリターンが期待できることを、世界中の国々はわかっているのです。こうして米国には、世界中から多額の資金が集まります。

また、米国で成功することは、世界での成功につながります。これが米国は偉大なプラットフォーム国であると考える理由であり、だからこそ人やモノ、カネの多くが米国に集まるのです。

かつての日本企業を典型例として、米国で成功して世界に飛躍していったケースがたくさんあります。

トヨタやホンダなどの二輪・四輪メーカーもそうですし、ソニーやパナソニックなどの家電メーカーも、米国進出による成功をきっかけにして、世界中にマーケットを広げていきました。当然、韓国や中国、インドといった、日本に続いて世界市場への進出を狙っている国の企業も、その橋頭堡《きょうとうほ》として米国市場での成功を目論《もくろ》んでいるはずです。

プラットフォームというと、メタ・プラットフォームズのようなＳＮＳ企業、アマゾンのようなＥＣ企業、ネットフリックスのような動画配信サービスの他、音楽配信サービスや動画配信サービス、ブラウザー、クラウドサービスなど、共通の基盤となる仕組みや環境を提供する企業が真っ先に頭に浮かんでくると思います。実際、今のインターネットビジネスで一番利益を上げているのは、この手のプラットフォーマーと呼ばれている企業群です。

それと同じく米国という国は、国自体がプラットフォーム化していると言えそうです。「アメリカズ・ゴット・タレント」という公開オーディション番組をご存じでしょうか。ダンス、マジック、歌、コメディアンなど、ジャンルは何でも良いのですが、こうしたパフォーマーたちが１００万ドルの賞金を目指して競い合うオーディション番組です。

この番組を通じて名前が知られると、世界でも通用するようになります。最近の日本人タレントだと、「アバンギャルディ」はその代表といってもいいでしょう。米国で有名になり、そのまま世界に進出していく。まさに米国がプラットフォーム国であることの一例です。

逆に、日本発で世界に進出するタレントのケースは、ほぼないといってもいいでしょう。韓国や台湾のタレントが、世界進出の橋頭堡として日本のデビューを狙うなどという話を、残念ながら聞いたことはありません。

でも、それは日本がダメというのではなく、韓国、台湾、中国、アルゼンチンでも同じです。欧州各国でもプラットフォーム国に相応しい波及力を持った国は、ほぼありません。

なぜ米国だけプラットフォーム化が可能になるのかというと、理由は3つ考えられます。

ひとつ目は米国が英語圏を代表する国であることです。世界で英語を話す人は約15億人と、世界の人口のうち5人に1人が日常生活レベルで英語を話しているといいます。日本語と異なり、英語で情報やサービスを提供すれば多数のユーザーや消費者に伝わります。このことが大きな強みです。

2つ目は人口の多さです。米国の人口は2024年6月の推計値で約3億3650万人です。日本の約3倍ですから、いわゆる西側先進国のなかでは、圧倒的に米国は人口でトップです。ちなみに日本は、西側先進国のなかでは2番目の人口を持っています。それ以下だとドイツの8330万人、イギリスの6800万人、フランスの6490万人、イタリアの5870万人と続きます。これらと比べても、圧倒的に米国は人口が多い国なのです。当然、人口が多ければ、それだけ波及効果が高まります。

しかも、米国の場合は移民政策が功を奏して、人口が今も増加傾向にあることです。すでに日本は人口減少社会に入っていますし、これは他の西欧諸国も似たり寄ったりです。この点でも、米国は圧倒的に優位な立場にあります。

3つ目は、これも人口が多いことと関連してくるのですが、世界における米国の影響力が大きいということです。

この影響力は、経済的にも軍事的にも、そして政治的にも言えることだと思います。この原稿を書いている2024年8月時点では、米国では大統領選挙の真最中ですが、一国の大統領選挙の行方がこれだけ注目されるのは、やはり米国のトップを決める選挙だからです。

絶対に米国の負けに賭けてはダメ

「Never Bet Against America」。これを言ったのは、ウォーレン・バフェット氏です。つまり「絶対に米国の負けに賭けてはダメ」ということです。この言葉からも、バフェット氏の米国経済に対する信頼感の強さがうかがえます。

米国企業は、日本企業と比べ物にならないほど強い、稼ぐ力を持っています。いくつか数字を挙げて比較してみましょう。

2023年時点の日経平均株価と、S&P500に採用されている企業の平均値を比較したものです。

それによると、自己資本利益率（ROE）、営業利益率、配当性向、従業員1人あたり売上高のうち、日本企業が高いのは配当性向のみで、他の数字に関しては、米国企業が日本企業を大きく上回っているのがわかります。

ちなみにROEは、株主から集められた資金（自己資本＝株主資本）に対して、どのくらいの利益を上げているのかを示す数字です。この数字が高くなるほど、その企業は資本

図表4　日米比較：企業の稼ぐ力の違い

$$自己資本利益率(ROE)(\%) = \frac{純利益}{自己資本}$$

＊企業の稼ぐ力のモノサシとして注目される指標の１つ

	日経平均	S&P500
自己資本比率（ROE）	6.7%	17.9%
営業利益率	8.1%	13.5%
配当性向	50.6%	36.6%
従業員1人あたり売上高	4,700万円	9,000万円

出所：Bloombergよりマネックス証券作成。数字は2023年のデータ。1米ドル＝150円）

図表5　2023年世界でもっともイノベーティブな企業トップ50

1	アップル	26	P＆G
2	テスラ	27	ネスレ
3	アマゾン	28	ゼネラル・エレクトリック
4	アルファベット（グーグル）	29	シャオミ
5	マイクロソフト	30	ハネウェル＊
6	モデルナ	31	ソニー
7	サムスン	32	中国石油化工＊(Sinopec)
8	ファーウェイ	33	日立
9	BYD	34	マクドナルド
10	シーメンス	35	メルク
11	ファイザー	36	バイトダンス（ティックトック）
12	ジョンソン&ジョンソン	37	ボッシュ
13	スペースX	38	デル
14	エヌビディア	39	グレンコア＊
15	エクソンモービル	40	ストライプ＊
16	メタ（フェイスブック）	41	サウジアラムコ＊
17	ナイキ	42	コカ・コーラ
18	IBM	43	メルセデス・ベンツ
19	スリーエム	44	アリババ
20	タタグループ	45	ウォルマート
21	ロシュ	46	ペトロチャイナ＊
22	オラクル	47	NTT＊
23	バイオンテック＊	48	レノボ
24	シェル	49	BMW
25	シュナイダーエレクトリック＊	50	ユニリーバ

50社中
24社は
米国企業

出所：BCG

＊＝初選出された企業

を効率良く活用して、高い利益を上げていることを意味します。数字を比べると、米国企業は日本企業に比べて、約２・７倍もの稼ぐ力を持っていることがわかります。

それは従業員１人あたり売上高を比べてもわかります。日本企業の４７００万円に対して、米国企業のそれは９０００万円ですから、ここでも約2倍の差があります。それだけ米国企業は生産性が高いことの証でもあります。

他にも米国企業が優位な点はたくさん挙げられます。

ボストン・コンサルティング・グループが作成した「２０２３年世界でもっともイノベーティブな企業トップ50」というランキングがあります。それによるとトップ50に含まれている米国企業の数は24社にも達しています。しかも1位がアップル、２位がテスラ、３位がアマゾン、４位がアルファベット（グーグル）、５位がマイクロソフト、６位がモデルナというように、６位までが米国企業で占められています。

世界最大のブランディング会社であるインターブランドが、グローバルに事業展開を行っているブランドを対象にして、そのブランドが持つ価値を金額に換算してランキングした「ベスト・グローバル・ブランド２０２３」でも、米国企業の強さが際立っています。

ちなみにこのランキングだと、１位がアップル、２位がマイクロソフト、３位がアマゾ

図表6 「Best Global Brands 2023」ランキング

世界最大のブランディング会社インターブランドが、グローバルに事業展開を行うブランドを対象に、そのブランドが持つ価値を金額に換算してランキング化したもの

1	アップル（AAPL）	11	マクドナルド（MCD）
2	マイクロソフト（MSFT）	12	テスラ（TSLA）
3	アマゾン（AMZN）	13	ディズニー（DIS）
4	グーグル（GOOGL）	14	ルイ・ヴィトン
5	サムスン	15	シスコ（CSCO）
6	トヨタ	16	インスタグラム*（META）
7	メルセデス - ベンツ	16	アドビ（ADBE）
8	コカ・コーラ（KO）	18	IBM（IBM）
9	ナイキ（NKE）	19	オラクル（ORCL）
10	BMW	20	サップ

20社のうち14社のブランドが米国のもの

出所：インターブランド　　* メタ・プラットフォームズ社が保有

図表7 日米企業 研究開発費（R&D）比較

GAFAMは築き上げたモートを守るために莫大な投資を続けている

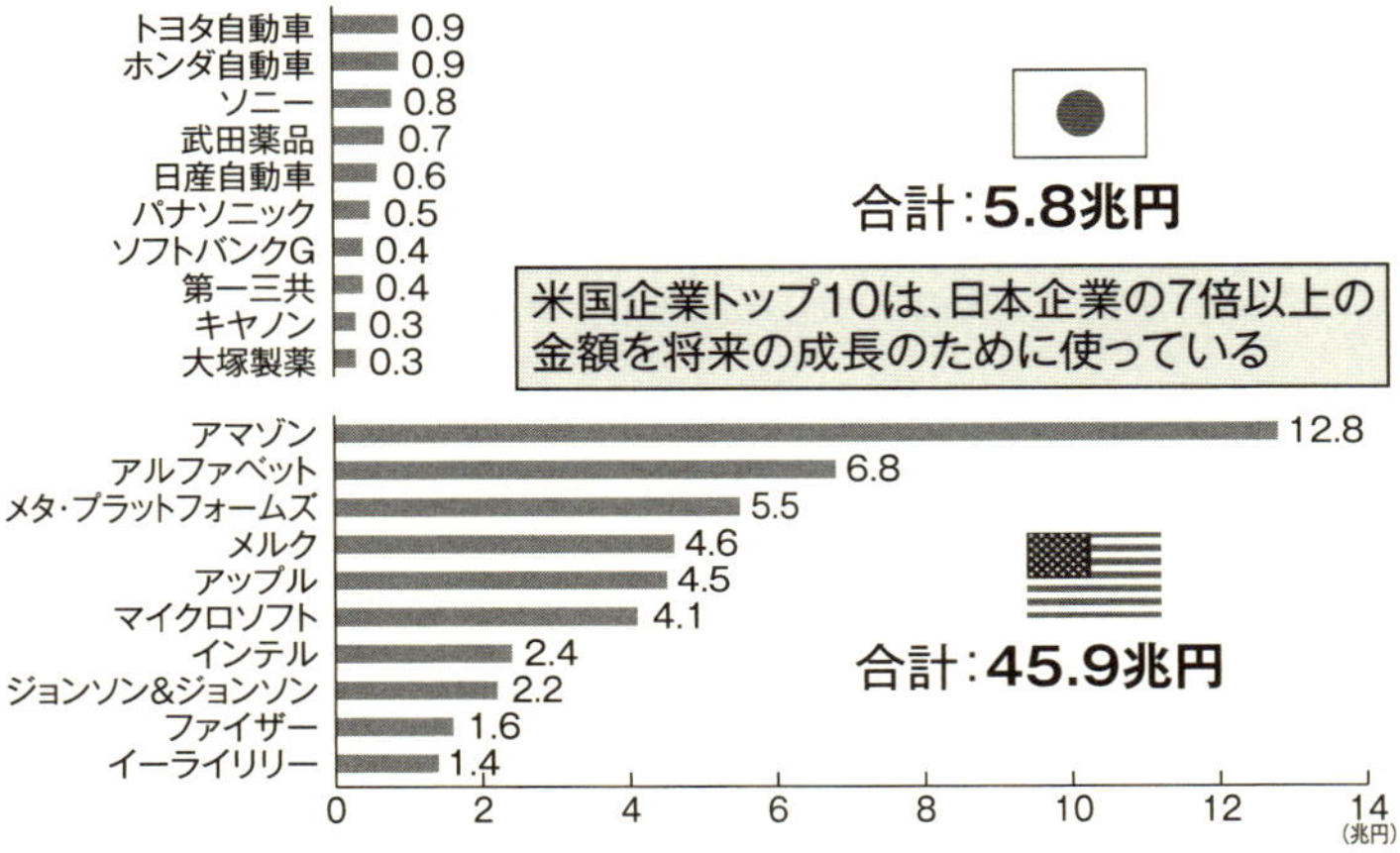

出所：ブルームバーグよりマネックス証券作成。2024/2/27 時点データ，為替レート=150円/米ドルで換算

ン、4位がグーグル（企業名だとアルファベット）というように4位までを米国ブランドが占めています。ちなみに上位20ブランド中、米国ブランドは14ブランドもあります。

こうした米国企業の強さは、何によるものなのでしょうか。それは、将来の成長のために多額の資金を使っていることだと思います。具体的には、米国企業は研究開発費（R＆D）がふんだんにあるのです。

ブルームバーグの調べによると、米国企業トップ10が研究開発に費やしている金額は、1ドル＝150円で計算すると45・9兆円なのに対して日本企業は5・8兆円です。ちなみに米国企業でもっとも研究開発費が多いのはアマゾンで12・8兆円でした。これに次いで、アルファベットが6・8兆円、メタ・プラットフォームズが5・5兆円です。

これに対して、日本企業でもっとも研究開発費が多いのはトヨタ自動車とホンダの9000億円で、以下はソニーの8000億円、武田薬品工業の7000億円、日産自動車の6000億円と続きます。1社あたり1兆円にも満たないのが、日本企業の実態です。

ちなみに、こうした研究開発費は将来の成長のためであるのと同時に、他社に追いつかれ、追い抜かれないためのモートを築くためのものでもあります。

モートとは「お堀」のことで、いわゆる参入障壁のことです。特に米国のマグニフィセント・セブンと称される企業群は、多額の研究開発費を注ぎ込むことによって、他の企業が同ジャンルに参入してきても、絶対に競争に負けないだけの参入障壁を築いているのです。

たとえば日本企業が、これからアマゾンと同じビジネスモデルで起業したとしても、絶対に勝つことはできないでしょう。グーグルのような検索エンジン、フェイスブックのようなSNSも同様です。他社では絶対に乗り越えることのできない、高い参入障壁を築いてしまえば、ビジネスの永続性が高まります。それを多額の研究開発費によって一所懸命に構築しているのが、今の米国企業なのです。

こうした数字を見ても、バフェット氏が「米国の負けに賭けてはダメ」という理由が、おわかりいただけるのではないでしょうか。

そもそも米国という国の強さがベースにある

米国企業の強さは、これでおわかりいただけたかと思います。それは同時に米国という国自体の強さがベースにあるからです。

まず資源・エネルギーという観点では、米国は世界一の産油国です。産油国というと、サウジアラビアのような中東諸国をまずイメージするかと思います。米国エネルギー情報局のデータによると、石油産油量トップ10の1位は、米国の日産1898万バレルで、これは世界全体の産油量の20%を占めています。

実は米国の産油量は、2008年まで減少傾向にありました。ところが、技術革新でシェール層から原油や天然ガスを抽出することが可能になったことにより、2017年からは世界最大の原油産出国になったのです。

ちなみに石油産出量の第2位はサウジアラビアで日産1084万バレル、3位がロシアの1078万バレルですから、米国の産油量が頭一つ飛び抜けていることがわかります。

近年、地球環境問題によって、石油などの化石燃料の利用を抑制する動きはあるものの、それでも石油は経済を動かすうえで中心的な資源・エネルギー源であることに変わりはありません。日本の場合、ほとんど石油を採ることができないため、どうしても海外からの輸入に依存せざるを得ません。そうなると当然、地政学リスクの影響を受けることになります。この点、自国で世界最大の石油産出量を維持できる米国は、それだけで大きなアドバンテージを持つことになります。

図表8　石油産出量＆消費量トップ10(2021年)

石油産出量トップ10			石油消費量トップ10		
	100万バレル/日	世界全体に占める割合		100万バレル/日	世界全体に占める割合
米国	**18.98**	**20%**	**米国**	**19.89**	**21%**
サウジアラビア	10.84	11%	中国	14.76	15%
ロシア	10.78	11%	インド	4.79	5%
カナダ	5.54	6%	ロシア	3.67	4%
中国	4.99	5%	**日本**	**3.41**	**4%**
イラク	4.15	4%	サウジアラビア	3.35	3%
UAE	3.79	4%	ブラジル	2.96	3%
ブラジル	3.69	4%	韓国	2.58	3%
イラン	3.46	4%	カナダ	2.26	2%
クウェート	2.72	3%	ドイツ	2.13	2%
トップ10合計	68.92	72%	トップ10合計	59.8	62%
世界合計	95.7		世界合計	96.66	

出所:米国エネルギー情報局よりマネックス証券作成

図表9　2019年 各国の食料自給率(カロリーベース)

(%)

カナダ	233
オーストラリア	169
フランス	131
米　国	**121**
ドイツ	84
スペイン	82
スウェーデン	81
イギリス	70
オランダ	61
イタリア	58
スイス	50
ノルウェー	43
日　本	**38**
韓　国	35
台　湾	32

出所:農林水産省よりマネックス証券作成

また、石油と同じくらい国にとって重要なのが食料です。食べ物がなかったら、人々は生きていけません。カロリーベースで食料自給率を見ると、米国のそれは１２１％もあります。

ランキングで見るとカナダの２３３％をトップにして、２位がオーストラリアの１６９％、３位がフランスの１３１％で、米国は4位です。それでも食料自給率が１２１％ということは、自国民の胃袋をすべて満たしたうえで、さらに海外に輸出できるだけの余裕があることを意味します。

この点、日本の食料自給率は38％でしかなく、食料の多くを海外からの輸入に依存している状況です。「食料安全保障」という言葉があるように、海外からの食料輸入に大きく依存している国は、安全保障上の危機が生じた時、食料が海外から入ってこなくなり、極めて危険な状況に追い込まれる恐れがあります。この点、米国は極端な話、海外からさまざまな物資が送られてこなくなる状況に追い込まれたとしても、米国民を飢え死にさせずに済むのです。

そして、国防に関しても米国は世界トップの軍事力を持っています。２０２３年の防衛費予算ランキングを見ると、米国のそれは1ドル＝１３０円換算で99兆円です。２位の中

図表10　防衛費予算ランキング（2023年）

（単位：兆円）
１ドル＝130円で換算

1	米国	99.0	11	日本	5.2
2	中国	29.9	12	イタリア	4.8
3	ロシア	10.7	13	カナダ	4.7
4	インド	7.0	14	ウクライナ	3.9
5	ドイツ	6.8	15	UAE	3.3
6	オーストラリア	6.8	16	トルコ	3.3
7	イギリス	6.5	17	イスラエル	3.2
8	サウジアラビア	6.0	18	ポーランド	2.7
9	フランス	6.0	19	ブラジル	2.4
10	韓国	5.5	20	台湾	2.4

出所：グローバル・ファイヤー・パワーよりマネックス証券作成

国が29・９兆円、３位のロシアが10・７兆円ですから、これはもう圧倒的です。ちなみに日本の防衛費は、たったの５・２兆円です。誰しも平和を望んではいるものの、現実問題に目を向ければ、海外からの脅威は存在します。特にここ数年で、地政学リスクは高まる一方ですから、防衛費予算は国の平和と繁栄を維持していくうえで必要不可欠になってきています。

そしてもっとも根本的なところでは、人口が今後も安定的に増えていく点が、米国経済の強さを支えていくでしょう。

国連の人口予想によると、世界人口は２０５０年に97億人、２１００年には１０４億人になるとされています。この数字は中間値と言われるもので、95%の確率でそうなるものと言われています。

このように世界人口が増えていくなかで、私たちが生活している日本は今後、どんどん人口が減少していきます。

これも国連のデータですが、日本の人口は２０５０年にかけて減少の一途をたどり、世界人口ランキングは低下していきます。ちなみに１９９０年の日本の人口は1億２３００万人で世界7位、２０２２年が1億２４００万人で世界11位だったのが、２０５０年には1億４００万人まで減少し、人口ランキングは17位まで落ち込みます。

一方、米国はどうかというと、１９９０年が2億４６００万人で世界第3位の人口大国で、その後もランキングは下がることなく、２０５０年も3億７５００万人で世界第3位を維持すると見られています。

ちなみに２０５０年時点では、インドが中国を抜いて世界一の人口大国になり、その時点で中国は人口減少社会に突入する見通しです。インドの16億６８００万人には到底及びませんが、２０５０年までも人口が世界第3位を維持できる点は、米国経済の強さを支えることになるはずです。米国の人口が増えるのは前述の通り、移民で成り立っている、世界の移民受け入れナンバーワンの国だからです。世界中の移民希望者は米国を目指すので

図表11　2100年までの世界の人口予想

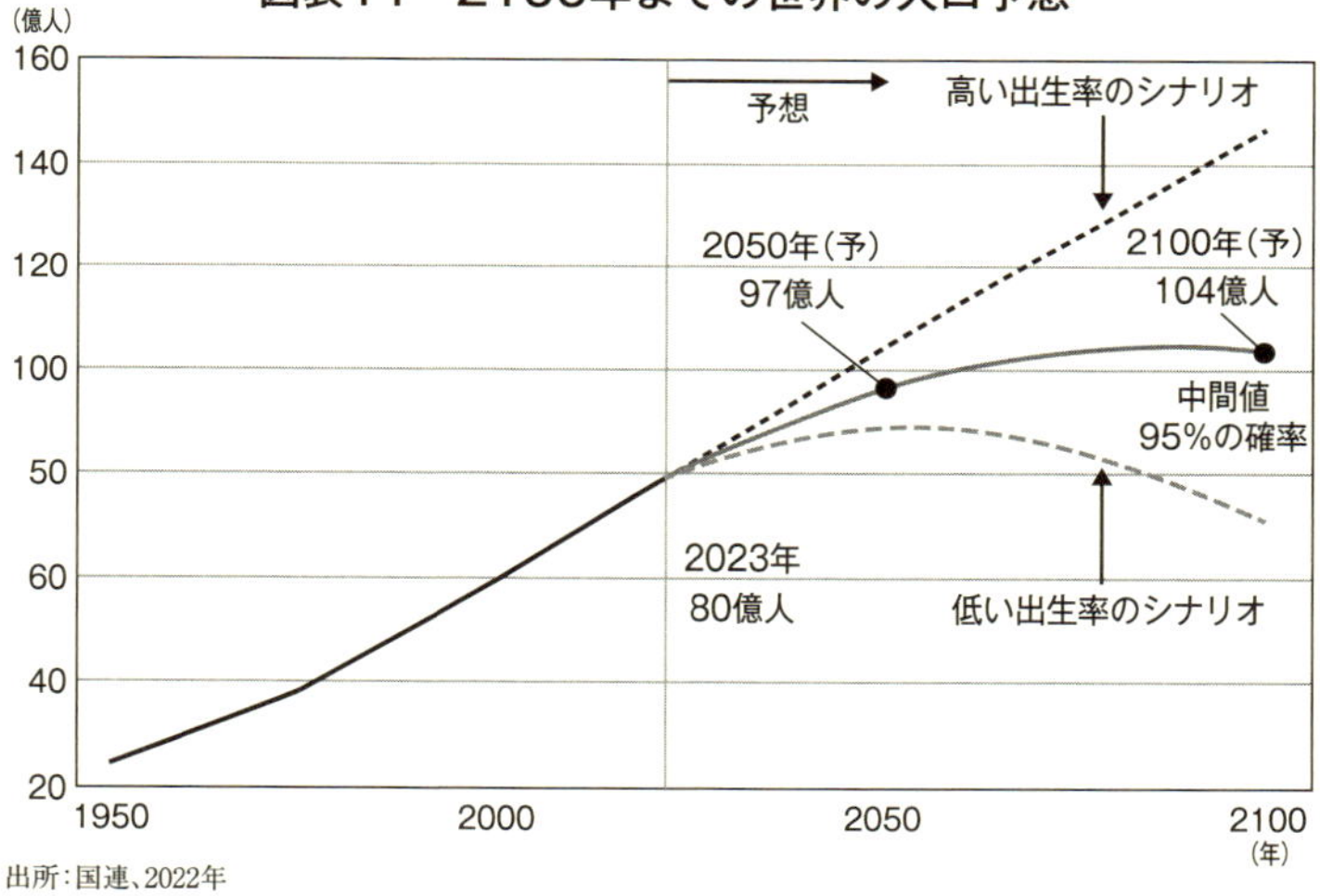

出所：国連、2022年

図表12　世界人口ランキング予想

(単位：百万人)

1990年			2022年			2050年		
1	中国	1,144	1	中国	1,426	1	インド	1,668
2	インド	861	2	インド	1,412	2	中国	1,317
3	米国	246	3	米国	337	3	米国	375
4	インドネシア	181	4	インドネシア	275	4	ナイジェリア	375
5	ブラジル	149	5	パキスタン	234	5	パキスタン	366
6	ロシア	148	6	ナイジェリア	216	6	インドネシア	317
7	日本	123	7	ブラジル	215	7	ブラジル	231
8	パキスタン	114	8	バングラディッシュ	170	8	コンゴ共和国	215
9	バングラディッシュ	106	9	ロシア	145	9	エチオピア	213
10	ナイジェリア	94	10	メキシコ	127	10	バングラディッシュ	204
11	メキシコ	81	11	日本	124	11	エジプト	160
12	ドイツ	79	12	エチオピア	122	12	フィリピン	157
13	ベトナム	66	13	フィリピン	115	13	メキシコ	144
14	フィリピン	61	14	エジプト	110	14	ロシア	133
15	英国	57	15	ベトナム	98	15	タンザニア	129
16	イタリア	57	16	コンゴ共和国	97	16	ベトナム	107
17	エジプト	56	17	イラン	88	17	日本	104

出所：国連よりマネックス証券作成

す。このことで日本では起こっていない複雑な人種問題が発生することがあっても、総じて移民は米国の強さに貢献しているのです。

また、これも人口と関係があるのですが、人口の年齢中央値にも注目してください。日本の人口年齢中央値は２０２０年が48・４歳で、２０３０年には52・１歳、そして２０５０年には54・７歳になる見通しです。人口年齢中央値とは年齢構成別で、もっとも人口の多い年齢層です。

米国の場合、２０２０年時点の人口年齢中央値は38・３歳で、２０３０年が39・９歳、２０５０年が42・７歳の見通しです。

２０５０年で比較すると、日本が54・７歳で、米国が42・７歳。この差は非常に大きいと思います。日本はシニア層の人口が最多になる一方、米国はまだ中年層が中心であり、42・７歳といえば、大いに稼ぎ大いに消費する年齢です。稼いで消費する年齢層が２０５０年時点でも人口構成の中心になるわけですから、経済力が衰えるはずがありません。

これは世界のＧＤＰランキングを見ても明らかです。このデータは米国ゴールドマンサックスの世界ＧＤＰの国別予想です。１９８０年から２０２２年にかけて、米国はＧＤＰで世界トップです。また日本は２０００年までが2位、そして２０２２年は中国に抜かれ

図表13　世界GDPランキング予想

ランキング	1980年	2000年	2022年	2050年	2075年
1	米国	米国	米国	中国	中国
2	日本	日本	中国	米国	インド
3	ドイツ	ドイツ	日本	インド	米国
4	フランス	イギリス	ドイツ	インドネシア	インドネシア
5	イギリス	フランス	インド	ドイツ	ナイジェリア
6	イタリア	中国	イギリス	日本	パキスタン
7	中国	イタリア	フランス	イギリス	エジプト
8	カナダ	カナダ	カナダ	ブラジル	ブラジル
9	アルゼンチン	メキシコ	ロシア	フランス	ドイツ
10	スペイン	ブラジル	イタリア	ロシア	イギリス
11	メキシコ	スペイン	ブラジル	メキシコ	メキシコ
12	オランダ	韓国	韓国	エジプト	日本
13	インド	インド	オーストラリア	サウジアラビア	ロシア
14	サウジアラビア	オランダ	メキシコ	カナダ	フィリピン
15	オーストラリア	オーストラリア	スペイン	ナイジェリア	フランス
上位15カ国における新興国の割合	33%	33%	40%	60%	67%

出所：ゴールドマン・サックスよりマネックス証券作成

て3位で、その後、2050年は6位、2075年には12位まで転落してしまいます。

ところが米国は、2050年には中国に抜かれて世界トップの座を明け渡す見込みです。それでも2位ですし、2075年を見ても世界3位のGDPを維持しています。これこそが米国経済の強さといってもいいでしょう。

そして、もうひとつだけ注目しておきたい動きがあります。それは、GDPの上位15カ国に占める新興国の割合です。

1980年時点では、GDP上位15位に占める新興国の比率は33%でした。ところが2050年には60%、2075年には67%というように増えていきます。それだけ新興国経済が目覚ましく発展していくことを意味しています。

これは後述しますが、これからの資産運用ポートフォリオには、新興国を組み入れることが、資産を増やすうえで重要なカギを握ってくるのです。

個人金融資産2000兆円と言うけれども……

ところで、皆さんは日本の家計部門が所有している金融資産はいくらあるか、ご存じでしょうか。

2024年3月末時点で2199兆円というのが正解です。この数字は、日本銀行が3カ月に1度公表している「資金循環統計」に掲載されています。

2199兆円というと、とてつもなく大金であるように思えるでしょう。でも、実はまったくもって日本の家計金融資産は大した金額ではありません。

日米で比較してみましょう。

まず2001年当時、日本の家計金融資産は1410兆円でした。これが2023年には2043兆円にまで増えています。22年間で1・44倍です。

では、米国はどうでしょうか。2001年当時は4258兆円でした。この時点で日本を大きく上回っています。何しろ日米の人口は3倍近い差がありますから、家計金融資産も米国のほうが3倍多いのは理に適っています。

ところが2023年時点では、どうなっているでしょうか。先ほど日本の家計金融資産は2043兆円と書きましたが、同じ時期、米国のそれは1京7145兆円です。日米比で言うと、米国の家計金融資産は、日本の約8・4倍にもなっているのです。

つまり、この21年間で日米の家計の豊かさには、とてつもない差が付いてしまったことになります。

なぜ、ここまでの差が生じてきたのでしょうか。こう言っては失礼かもしれませんが、米国の人たちがせっせと貯蓄に励む姿は、あまり想像できません。現に貯蓄率という統計データを見ると、2024年6月時点では3・4%です。2001年12月時点でも3・7%で、リーマンショックが起こった2008年10月近辺から6%台へと上昇し、2012年12月には10・9%まで上昇することもありましたが、均《なら》してみると大体3～4%前後で推移しています。

一方、日本の貯蓄率はどうでしょうか。米国でさえ、高いところで10・9%なのですか

図表14　米国人と日本人の金融資産の比較

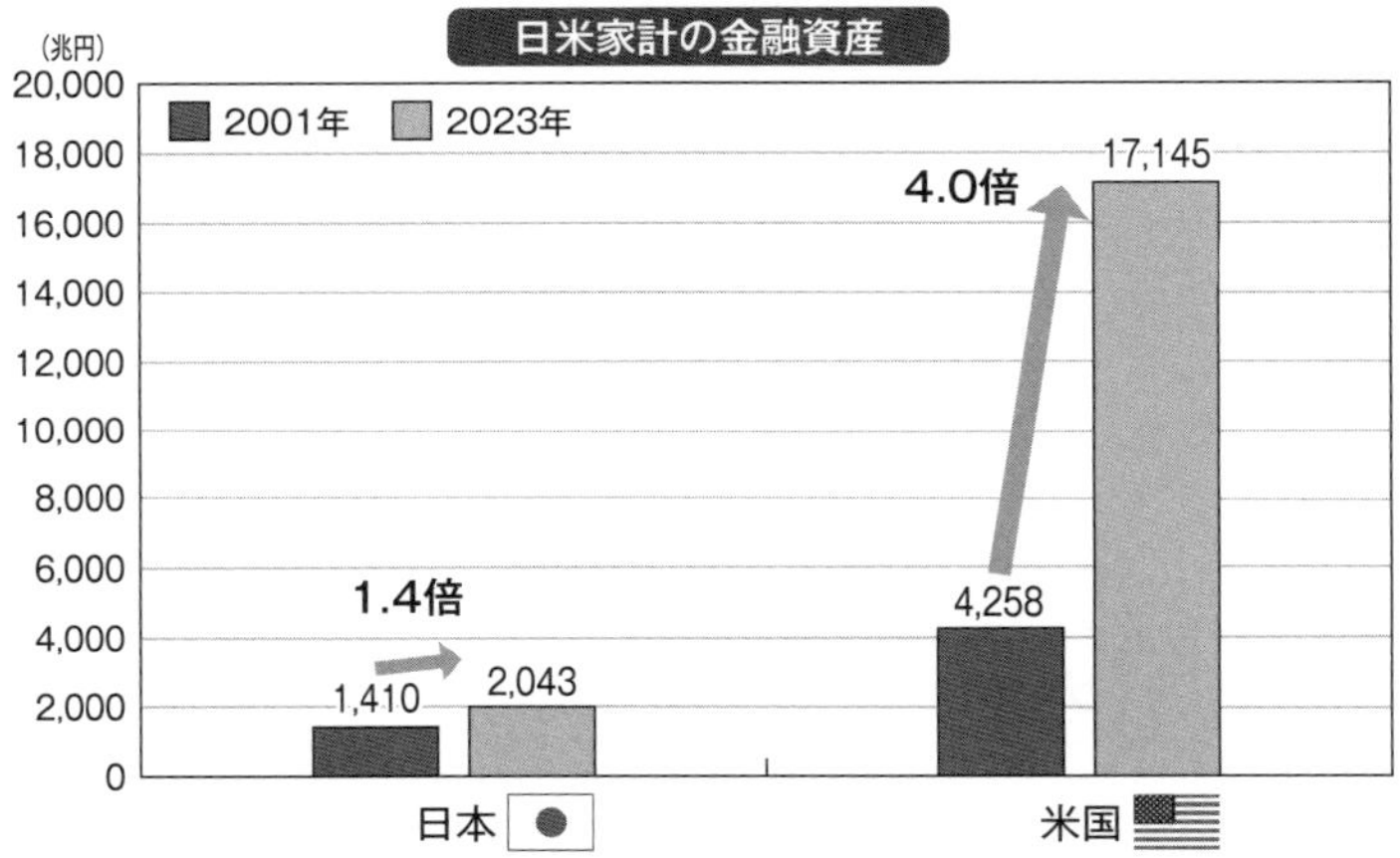

家計金融資産に占める現金・預金の比率 (2001年vs.2023年)

	2001年	2023年
日本	54.0%	54.2%
米国	11.0%	12.6%

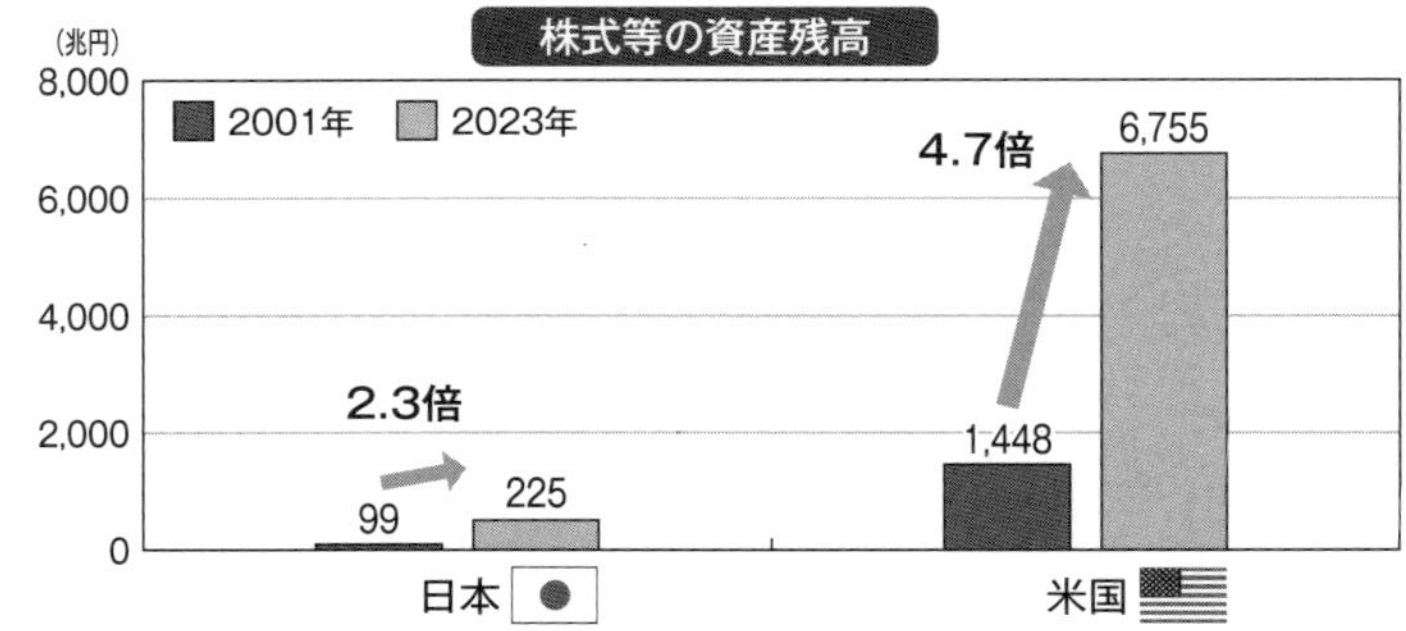

※2001年は12月末の数字／2023年は3月末の数字　2001年：1米ドル＝131円　2023年：1米ドル＝150円で計算
出所：日本銀行調査統計局資料よりマネックス証券作成

ら、おそらくそれほど高くはないだろうと考える人もいるでしょう。

確かに暦年ベースで年ごとの家計貯蓄率を追いかけると、そんなに高くはありません。2013年から2015年にかけては、貯蓄率がマイナスになっていることもありました。とはいえ、2001年から2023年の貯蓄率平均は2・7％ですから、米国と比べて家計貯蓄率が大きく劣るわけではありません。そうであるにもかかわらず、家計金融資産の総額には、約8・4倍もの差が付いてしまっているのです。

なぜ、これだけの差が付いたのでしょうか。それは、家計金融資産に占める株式の比率の違いだと思います。逆に言えば、現金・預金の比率の違いです。

現金・預金の日米比較をしてみましょう。日本の場合、2001年が54・0％で、2023年が54・2％ですから、ほとんど変わりません。それだけ家計金融資産が増えていくなかで、現金・預金の額も膨らませていったのが日本の家計金融資産です。

これに対して米国の現金・預金比率は、2001年が11・0％で、2023年が12・6％です。若干、比率が増えたとはいえ、米国の家計部門は現金・預金の保有比率が低く、一方で株式や投資信託の保有比率が高めになっています。

そして、2001年から2023年にかけて、米国の株価が大きく上昇するなかで、家計金融資産の額が大きく膨らんでいったのが、日米の家計金融資産の額に大きな差が生じた一番の原因といってもいいでしょう。

これで、私たちがこれから何をするべきか、おわかりいただけたのではないでしょうか。それは、米国株式に投資することです。今なら投資信託だけでなく、米国株式にも直接投資できます。皆さんのポートフォリオに米国株式を組み入れれば、もちろんどの程度の比率で投資するかにもよりますが、米国の家計金融資産のように、将来的に財産を大きく増やせる機会を自分のものにできます。

302倍に成長した株価インデックス

ただ、米国株式で資産を増やすためには、米国株式が値上がりしなければなりません。「米国株はバブルだ」、「間もなく過去にないほどの大暴落に直面する」といったように、米国株価の先行きを懸念する声は、ここかしこから聞かされます。

米国株式の動向を示す株価インデックスでもっとも有名なのは、やはり「S&P500」でしょう。ニューヨーク・ダウ工業株30種平均も有名です。名称にもあるように、わ

図表15　S&P500の1928年からの推移
【ドル建て】

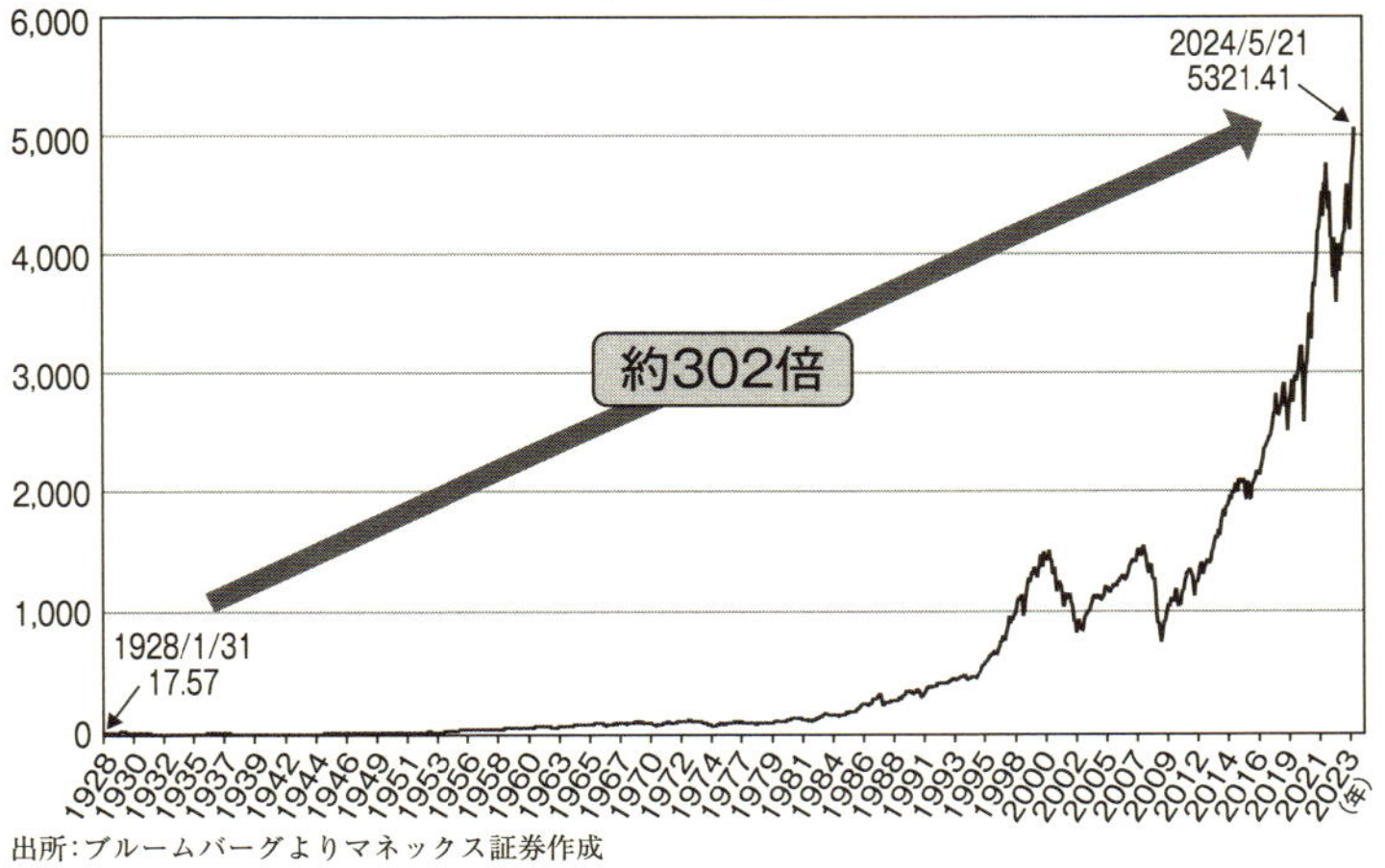

出所：ブルームバーグよりマネックス証券作成

ずか30銘柄の平均株価ですから、これで米国の株式市場全体の方向性を示しているかと言われると、若干の疑問が残ります。米国株式を対象にしてアクティブ運用を行っているファンドがベンチマークにするのも、大半がＳ＆Ｐ５００です。

そのＳ＆Ｐ５００が、これまでどう推移してきたのかを見ていきましょう。

まず超長期の推移です。１９２８年１月31日のＳ＆Ｐ５００は17・57ポイントでした。それが２０２４年５月21日には５３２１・41ポイントまで値上がりしています。この95年間で、Ｓ＆Ｐ５００は約３０２倍にもなりました。

といっても95年という運用期間は、さすが

図表16　史上最高値を更新し続ける米国株　S&P500のこれまでの歴史

期間:1983/12/30〜2024/2/25

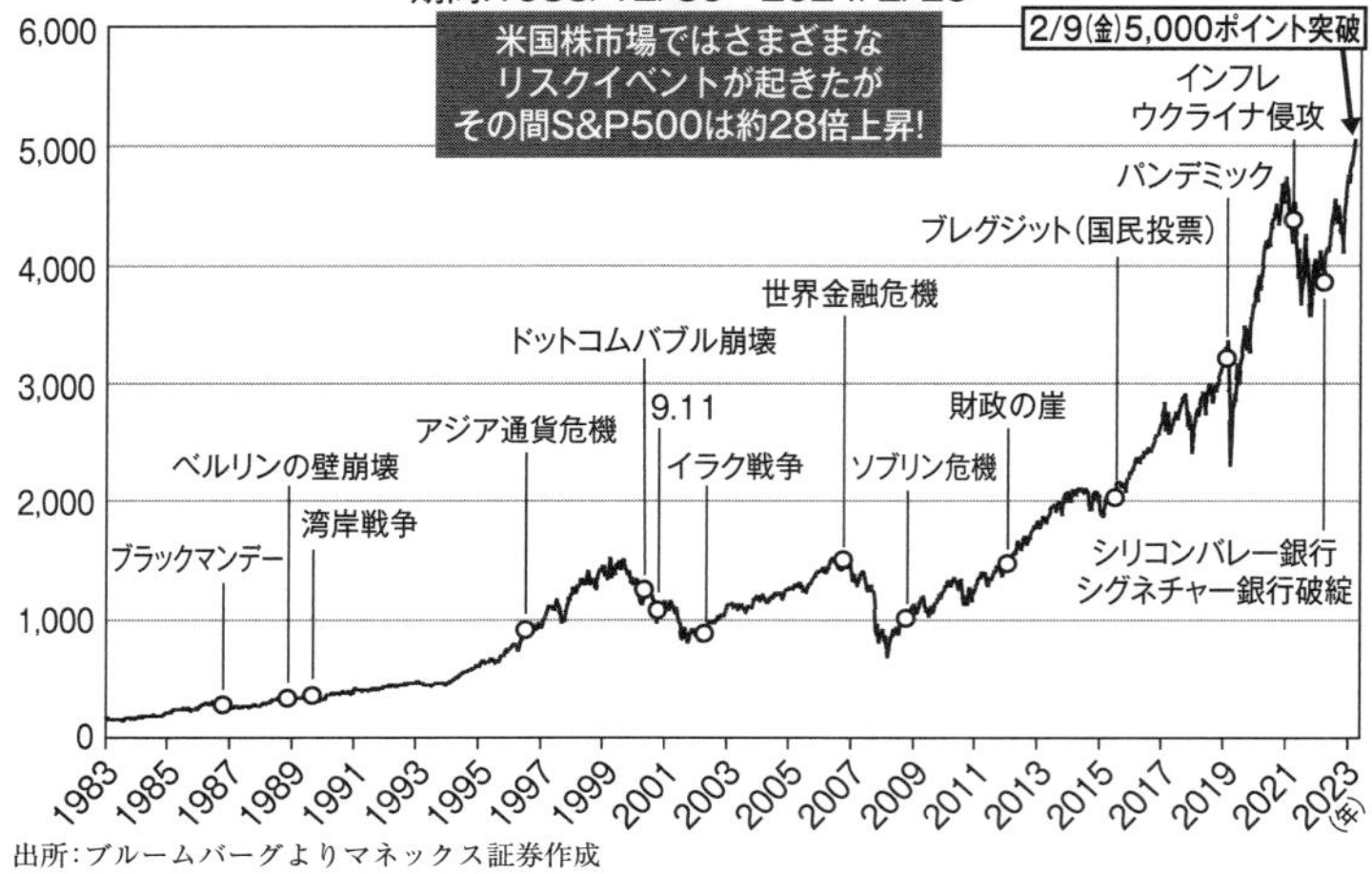

出所：ブルームバーグよりマネックス証券作成

に現実的ではないので、もう少し短い時間軸の推移を見てみましょう。１９８３年12月30日から２０２４年２月25日までの40年と２カ月間で、Ｓ＆Ｐ５００は約28倍まで上昇しました。仮に１９８３年12月30日に１００万円でＳ＆Ｐ５００を買えば、為替レートの値動きを考慮しない場合で、２８００万円にもなっている計算です。

注目していただきたいのは、値上がり幅だけではありません。

この28年間、米国の株式市場ではさまざまなリスクイベントが発生しました。１９８７年のブラックマンデー、１９９０年の湾岸戦争、１９９６年のアジア通貨危機、２０００年のドットコムバブルの崩壊、２００１年の同時多発テロ、2008年のリーマンショックに端を発した世界金融危機など、枚挙にいとまがありません。こうしたリスクイベントが生じるたび、米国の株価は大きく下落してきました。

でも、こうした試練を幾度となく潜《くぐ》り抜けながら上昇を続けてきたのも、また米国株なのです。

ブラックマンデーやドットコムバブルの崩壊、リーマンショックなど、その時々は、この世の終わりであるかのような大騒動になったものの、改めてチャートを眺めると、あのブラックマンデーでさえも、ほんのわずかな下げにしか見えません。リーマンショックは、それこそ「100年に1度の危機」とまで言われたのに、それすらも乗り越えて、S&P500はさらに大きく値上がりしているのが、おわかりいただけるでしょう。

もちろん、「今までは暴落に直面しても、それを乗り越えて値上がりしてきたけれど、これから先はどうなるかわからない」という意見もあると思います。実際、株価が今後どうなるのかなど、誰にもわかりません。

でも、今までもS&P500が大きく上昇してきた局面、局面において、まったく同じことが言われ続けてきました。「今までは暴落を乗り越えて値上がりしてきたけれど、これから先はどうなるかわからない」と。それでもなお、S&P500は高みを目指して、上昇し続けてきたのです。

本当に米国の株価は下落するのか

現在、米国の株価に関して一番懸念されているのが、今がバブルのピークなのではないか、ということです。

でも、バブルの定義を言わせてもらうと、実態がまったくないものに対して高値がつく、あるいは価値に見合わない高値がつくことです。

実態は100円程度のものなのに、なぜかマーケットでは1000円で取引されているとしたら、差額の900円はバブルであり、これが破裂すると、価格はあっという間に10分の1にまで値下がりしてしまいます。つまり本質的な価値に見合ったところまで、価格が調整するのです。

では、今の米国株は本当にバブルなのでしょうか。

株価にとってのバブルとは、業績では説明のつかない水準にまで株価が値上がりしている状態を指します。たとえば１９８０年代の日本経済に生じたバブルでは、日経平均株価が当時の最高値である３万８９１５円をつけた段階のＰＥＲは60倍を超えていました。ＰＥＲが60倍ということは、これから先60年分の利益を織り込んで、株価が形成されていることを意味します。これだけの株価を維持し続けるためには、業績がさらに大きく伸びなければ、ＰＥＲ60倍を説明できません。現実的にはそれを説明できなかったからこそ、日経平均株価は１９９０年代の幕開けとともに、暴落へと転じたのです。

仮に、米国企業の業績が悪化して利益が増えない、もしくは減益に転じているなかで、Ｓ＆Ｐ５００が５０００ポイントを超える水準で推移しているのだとしたら、それはバブルの恐れがあります。

しかし目先の米国企業の業績を見ると、その心配はほぼいらないと考えて良さそうです。Ｓ＆Ｐ５００に採用されている５００銘柄のＥＰＳ（1株あたり利益）の成長率予想を見ると、きっと安心できるでしょう。四半期ベースで推移を見ていくと、２０２２年第４四半期から２０２３年第2四半期にかけて、ＥＰＳは前年同期比でマイナスになっています。これは明らかにこの期間中、米国企業の業績が悪化していたことを意味しています。

それがプラスに転じたのが２０２３年第３四半期であり、その先は業績好調が予想されています。２０２５年第１四半期のＥＰＳ成長率の予想は13％のプラスです。これだけ業績が伸びていくわけですから、多少株価が値上がりしたとしても、それをバブルと言うのは、いささか無理があります。

では、今のＳ＆Ｐ５００が割高なのかどうかについて、少し考えてみたいと思います。Ｓ＆Ｐ５００と予想ＰＥＲの推移を見てください。１９９１年から２０２２年までの実績ＰＥＲと、それ以降、２０２６年までの予想ＰＥＲを棒グラフで示しています。全期間を貫いている横線が、この間における平均ＰＥＲで19・5倍です。この数字を上回っている時は、ややＰＥＲが割高であり、下回っている時は割安と考えられます。

２０２０年の実績ＰＥＲは、平均ＰＥＲを大きく超えています。これは明らかに割高な水準まで買われていたことを意味します。

しかし、そこから先で興味深いのが、２０２５年の予想ＰＥＲ、２０２６年の予想ＰＥＲが、いずれも低下傾向をたどっていることです。２０２６年の予想ＰＥＲは、平均ＰＥＲを下回る19・2倍です。

なぜ予想ＰＥＲが低下していくのかというと、今後、米国企業の業績が回復すると考え

図表17　米国企業業績の見通し
S&P500EPS成長率予想 前年同期比【四半期】
期間：2021/Q4～2025/Q4

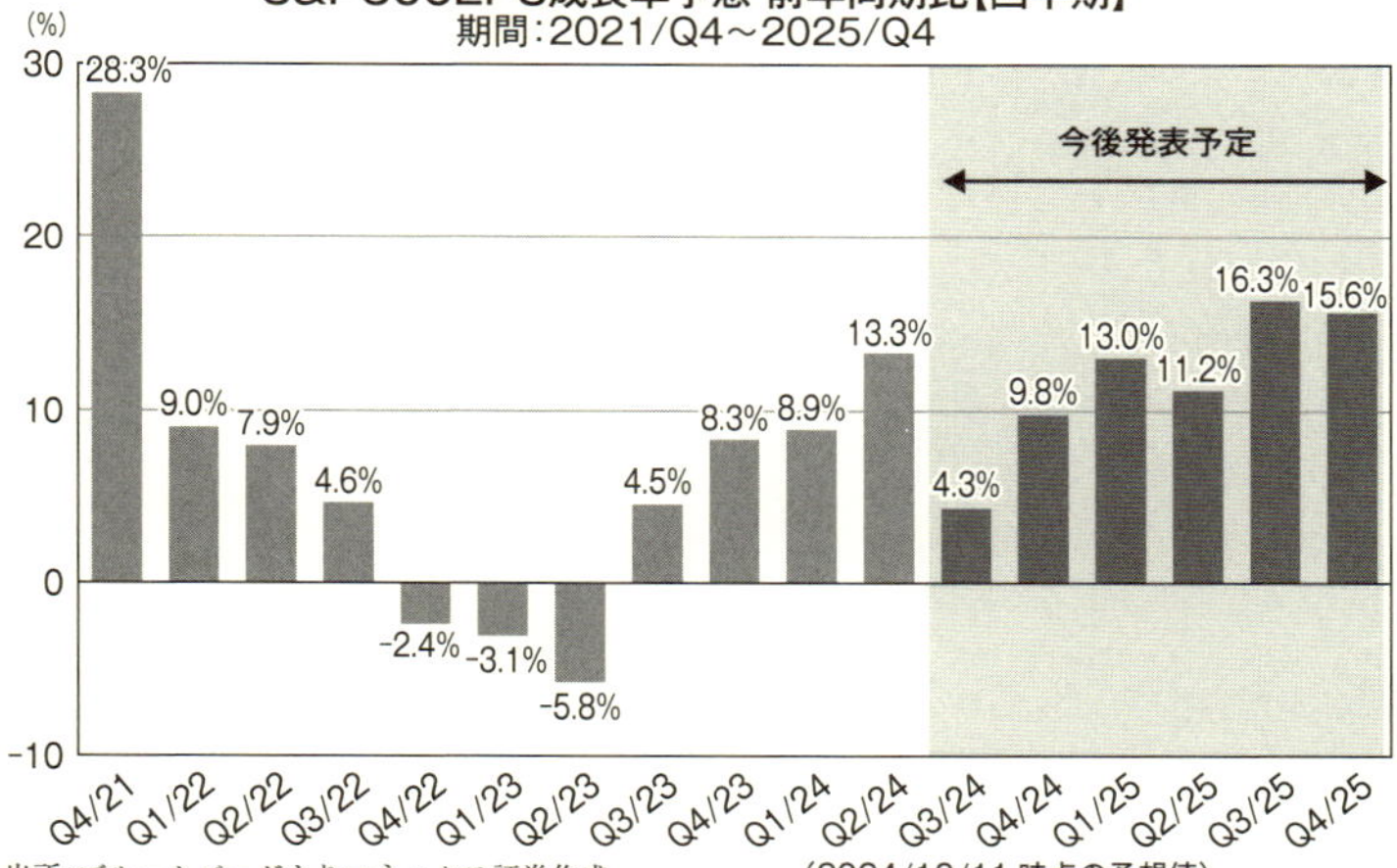

出所：ブルームバーグよりマネックス証券作成　　(2024/10/11 時点の予想値)

図表18　S&P500と予想PERの推移
期間：1991 ～ 2026年

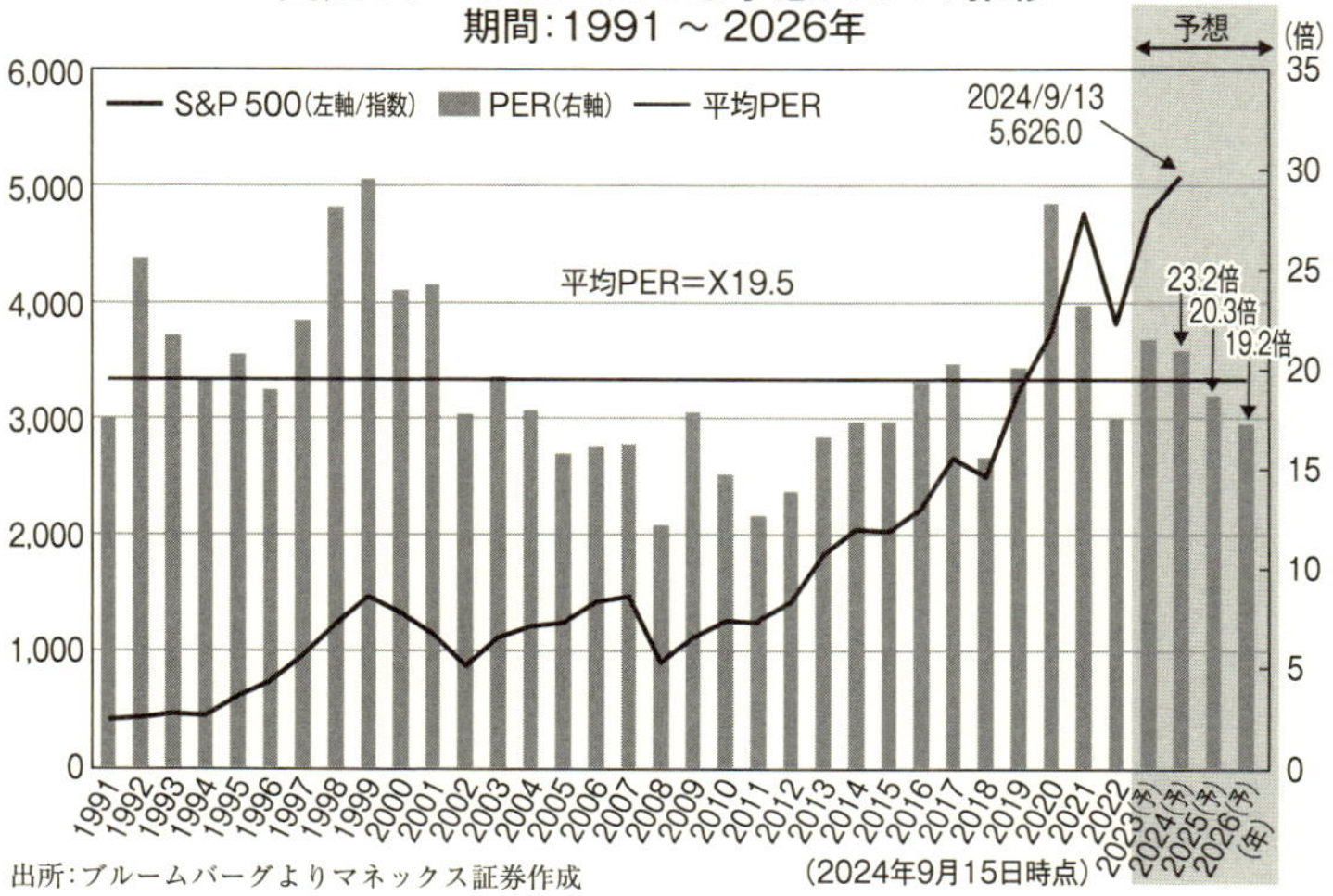

出所：ブルームバーグよりマネックス証券作成　　(2024年9月15日時点)

られているからです。２０２５年は前年比14％、２０２６年は12％の増益予想となっています（２０２４年10月11日現在）。これだけ業績が伸びれば、予想ＰＥＲの数値も下がります。

このように、業績の裏付けがある以上、Ｓ＆Ｐ５００の水準をバブルだなどと言うことはできません。しかも、２０２６年の予想ＰＥＲは、過去35年間の平均値を下回るという数字が出ているのです。これらの点からも、まだ米国株式は底堅く推移するものと考えられます。

米国株に投資したらどのくらい財産が増えたのか

投資に「たら・れば」はありませんが、実際にＳ＆Ｐ５００に投資したら、どのくらい資産を増やすことができたのかを、数字で見てみましょう。

２００３年12月末から２０２４年９月末までの約20年間、Ｓ＆Ｐ５００に毎月末１万円ずつ積立投資した場合、果たして値上がり益を含めた総額はいくらになるでしょうか。ちなみに、この数字はすべて円建てです。つまり為替差損益もすべて加味したうえでの総額

図表19　米国株式（S&P500）に毎月末1万円を20年間積み立てた場合

（期間：2003年12月末〜2024年9月末）　配当金再投資済みのトータルリターンで計算

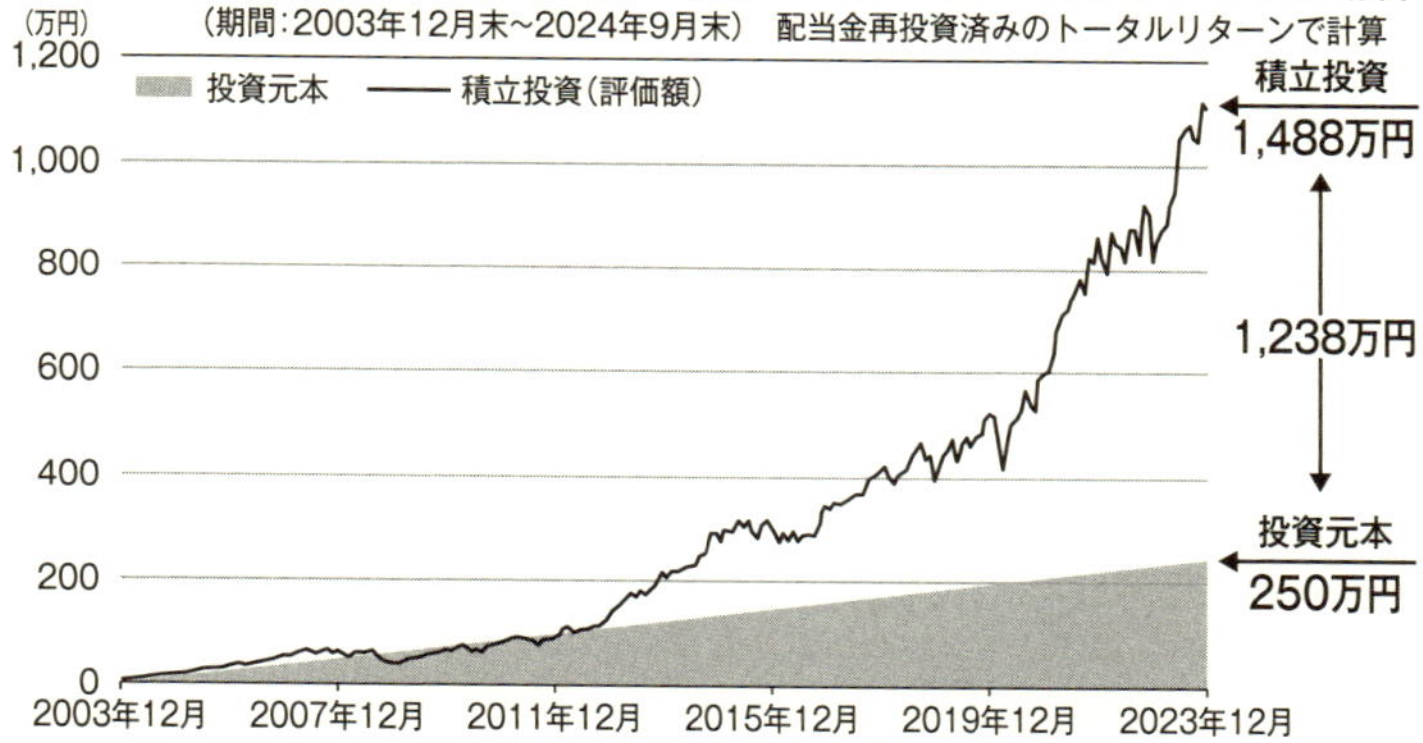

※上記は円ベース指数（配当込み）を入手し、マネックス証券が一定期間・一定金額を積立投資したと仮定して試算しています。表示形式は四捨五入です。
※上記はシミュレーションであり、実際の運用とは異なります。したがって詳細の運用成果を示唆、保証するものではありません。
※税金、手数料を考慮していません。
出所：Bloombergのデータを基にマネックス証券作成

です。

まず、投資元本がいくらになるのかを計算してみましょう。20年10カ月間ですから、２５０カ月です。そして１カ月に１万円ずつの積立投資ですから、投資した元本は合計２５０万円になります。

そしてこの間、Ｓ＆Ｐ５００が上昇したこともあり、その値上がり益も含めた総額は１４８８万円になりました。ちなみに２００３年12月末のドル円は１ドル＝１０７円76銭だったので、今の水準からすればかなり円高だったことがわかります。また、現在に至るまで、１ドル＝70円台の円高局面もあり、どうしても円建てで見た時のＳ＆Ｐ５００のパフォーマンスは低下せざるを得ませんでした。

図表20　米国株式(S&P500)に毎月末3万円を20年間積み立てた場合

(期間:2003年12月末~2024年9月末)　配当金再投資済みのトータルリターンで計算

※上記は円ベース指数(配当込み)を入手し、マネックス証券が一定期間・一定金額を積立投資したと仮定して試算しています。表示形式は四捨五入です。
※上記はシミュレーションであり、実際の運用とは異なります。したがって詳細の運用成果を示唆、保証するものではありません。
※税金、手数料を考慮していません。
出所:Bloombergのデータを基にマネックス証券作成

ここに来て一時は１ドル＝１６０円に達する円安もあり、円建てのパフォーマンスをさらに押し上げる形になっています。

毎月１万円をコツコツ20年間積み立てるだけで、投資元本を大きく上回る１４８８万円もの資産を築くことができたのです。

しかも個別銘柄投資につきものの、面倒な銘柄分析を一切することなく、単純にＳ＆Ｐ５００を買い続けただけです。

このシミュレーションの起点である２００３年当時は、まだＳ＆Ｐ５００に投資できるツールは、日本国内ではそんなにありませんでした。しかし今やインデックス型の投資信託やＥＴＦで、Ｓ＆Ｐ５００への連動を目標にしたポートフォリオで運用されている商品はたくさんあります。しかも、たとえばマネックス証券では毎月、または毎日最低100円からの資金でも購入できるので、誰でも簡単に資産形成ができるようになりました。

ちなみに、もう少し資産を増やしたいと考えている人は、毎月の積立金額を1万円ではなく、もう少し上乗せすれば良いだけです。同じくS&P500を毎月3万円ずつ買い続けていけば、20年10カ月間の投資元本は750万円ですが、値上がり益も含めた総資産の額は4465万円にまで膨れ上がります。少し前に「老後2000万円問題」が話題になりました。このようにS&P500の積立投資を続けられれば、老後2000万円問題を心配する必要はいっさいないといってもいいでしょう。

本書でも度々、名前を出して言葉を引用させてもらっているウォーレン・バフェット氏は、2019年に行われたCNNのインタビューで、もし彼が亡くなった時には、妻に残された財産の90%をS&P500に投資するように財産管理人に指示したと答えています。

米国企業は稼ぐ力が断トツ

これは前回出した本でも取り上げた項目なのですが、データを直近までのものとして、改めて比較してみました。

まず日米の企業を比較すると、この稼ぐ力という点において、米国企業は日本企業よりも優れているところがたくさんあります。だからこそ、日本企業に比べて米国企業の株価がより高い水準まで買われていきます。

まず最新データを見てみましょう。1989年12月29日から2024年2月27日までのS&P500採用銘柄と、東証株価指数（TOPIX）採用銘柄で、もっとも高いリターンを上げた企業のトップ10のパフォーマンス比較です。ちなみにこのリターンは、この間に支払われた配当金や株式分割で株数が増えた分も含めて計算しているので、単純に1989年12月29日の株価と、2024年2月27日の株価を比較して、これだけのパフォーマンスになったわけではありません。その点は誤解のないように注意してください。

もちろん、日本にも良い企業はたくさんあって、そのような企業のパフォーマンスは、

図表21　日米ベスト・パフォーマンス・トップ10銘柄
期間：1989年12月29日～2024年2月27日

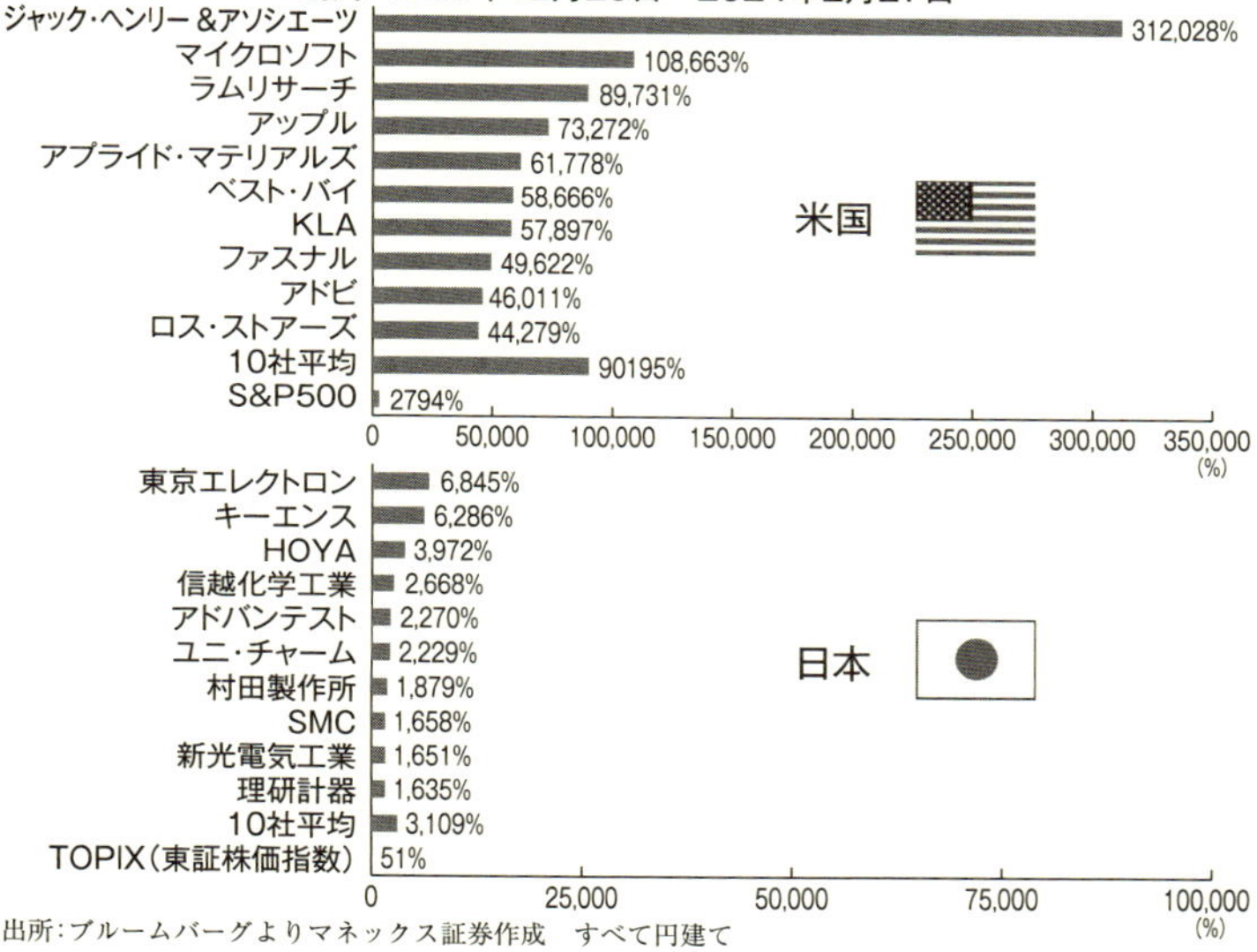

出所：ブルームバーグよりマネックス証券作成　すべて円建て

たとえ日本がバブル崩壊とデフレ経済で苦境に陥っていた期間が長くても、立派な数字をあげています。

その代表が東京エレクトロンで、６８４５％ものリターンを実現していますし、それ以外にもキーエンスの６２８６％、ＨＯＹＡの３９７２％、信越化学工業の２６６８％といった具合に、非常に高いパフォーマンスになっています。６８４５％は約69倍ですから、１９８９年12月29日に東京エレクトロンに１００万円を投資していれば、今頃は６９００万円になる計算です。

でも、Ｓ＆Ｐ５００に採用されてい

る銘柄のベストパフォーマンスを見ると、日本企業のベストパフォーマンスに対してケタ違いで高いことに驚かれるでしょう。金融機関向けにＩＴサービスを提供しているジャック・ヘンリー＆アソシエイツのリターンは何と31万２０２８％ですから、この35年間で３０００倍以上に膨らんだことになります。もし１００万円を投資していたら、35年間で30億円以上になります。

この会社は断トツとして、それでも他の企業も非常に高いパフォーマンスです。マイクロソフトは10万８６６３％ですし、ラムリサーチは８万９７３１％です。もう、日本企業とはケタが違います。

それにもうひとつ加えたいのが、前回の本との比較です。前著では、１９８９年12月末から２０２０年７月28日までの31年間でパフォーマンスを比較しました。この時のジャック・ヘンリー＆アソシエイツのリターンは、30万１８７４％でした。ということは、これ以降の４年間で、同社のパフォーマンスは１万１５４％も上乗せされたことになります。

マイクロソフトのパフォーマンスも、前著では５万２０４５％でしたが、それ以降の４年間で10万８６６３％も上昇しています。倍以上のパフォーマンス向上です。米国経済の成長が加速しているようにも見えます。

なぜここまで稼ぐ力に差があるのでしょうか。本質的には企業カルチャーの違いに行き着くのかもしれません。

最近は徐々に崩れてきていても、それでも日本の大企業はまだ終身雇用制度を維持しようとしています。この制度のもとでは定年になるまで身分が保証されて、大組織で働き続けることができます。

それは働く側にとっては安心材料といってもいいでしょう。でも、安心すると人は何もしなくなります。「ほどほどに働いて給料がもらえればいいや」と考えてしまうのです。一種のモラルハザードです。

これに対して米国企業は、成果を上げれば多額のボーナスが支給されるものの、業績が悪化したり、まったく成果を上げられなかったりした時には、あっという間にクビが飛びます。ある外資系証券会社では、たとえば10人のセールスがいたら、この10人で営業成績を競わせ、一定期間後の成績で下位3人を切ります。そうしたら新たに優秀なセールスを3人ヘッドハントしてきて、再び10人の間で競争させ、また下3人のクビを切って……ということを延々繰り返すという話を聞いたことがあります。

これは極端な例かもしれません。しかし、それによって成果に応じた報酬、待遇が受けられるのと同時に、企業がどんどん筋肉質になっていきます。

また米国企業にはフレキシビリティが高いという特徴もあります。言い方を換えると「走りながら修正する」傾向が強いため、ディシジョンメイクのプロセスが極めてクイックになります。

これはタイの企業のマネジャーから聞いた話です。その会社の工場を、条件さえ合えばどこかに売却したいと考えていた時、まず日本企業と交渉したそうです。しかし何回ミーティングをああだこうだと繰り返しても結論が出ませんでした。

これでは埒《らち》が明かないと考えたマネジャー氏は、交渉相手として米国企業も加えてミーティングをしたところ、3日で結論が出て、最終的には米国企業に売ることになったそうです。

そんなディシジョンメイクの早さが米国企業の強さでもあります。確かに、日本流の稟議を採ってしっかり固めながら決定まで持っていくという方法も、良い面はあります。方向性が固まってプロジェクトなどがスタートとなった時、しっかり現場からマネジャー、役員まで意思を固めたうえで取り組むので、方向性が間違ってさえいなければ、一糸乱れずに物事を進めていく強さがあります。

ただ、それは諸刃《もろは》の剣であるのも事実です。がっちり稟議で固めるということは、プロジェクトなどを進めている途中で何か不測の事態が生じた時、即応できないという問題が生じてしまいます。

そして何よりも、ディシジョンメイクの遅さについては今のビジネス環境からすれば致命的です。昨今のビジネスは、実際にその現場を知っている人は理解できると思いますが、とにかくスピードが昔に比べて何倍にもアップしています。つまり現場からマネジャー、役員、経営トップまで稟議を上げていくうちに、ディシジョンメイクが早い米国企業などに、おいしいところをすべてさらわれてしまいます。

逆に、走りながら考える米国企業は、不測の事態が生じたとしても、状況に即応してプランAがダメならプランB、それでもダメならプランCというように次の手を繰り出して、プロジェクトの完遂《かんすい》を目指します。また、状況に応じてフレキシブルな対応が取れるので、60％程度の成功確率があればどんどん仕事を進めていけるのです。

これらすべて稼ぐ力の差となって表れます。

世界企業の時価総額ランキングは、１９８９年当時、ベスト10のうち7社が日本企業で占められていました。ちなみに時価総額のトップはＮＴＴの１６３８・６億ドルでした。

これに対して2024年7月のランキングは、トップ10のうち9社が米国企業で、1位のアップルの時価総額は3兆4053億9300万ドルです。

30年前であれば、日本企業のやり方で世界を席捲《せっけん》できましたが、デジタル化、情報化、グローバル化が進んだ今、30年前の成功体験に基づいたやり方を踏襲している日本企業の出る幕は、残念ながら極めて限られてしまったというわけです。そして今のビジネス環境は、まさに米国企業の独壇場《どくだんじょう》であり、米国企業が持っている企業カルチャーが稼ぐ力を一段と強いものにしているのです。

第3章

ポートフォリオのコンセプトは「SNE」

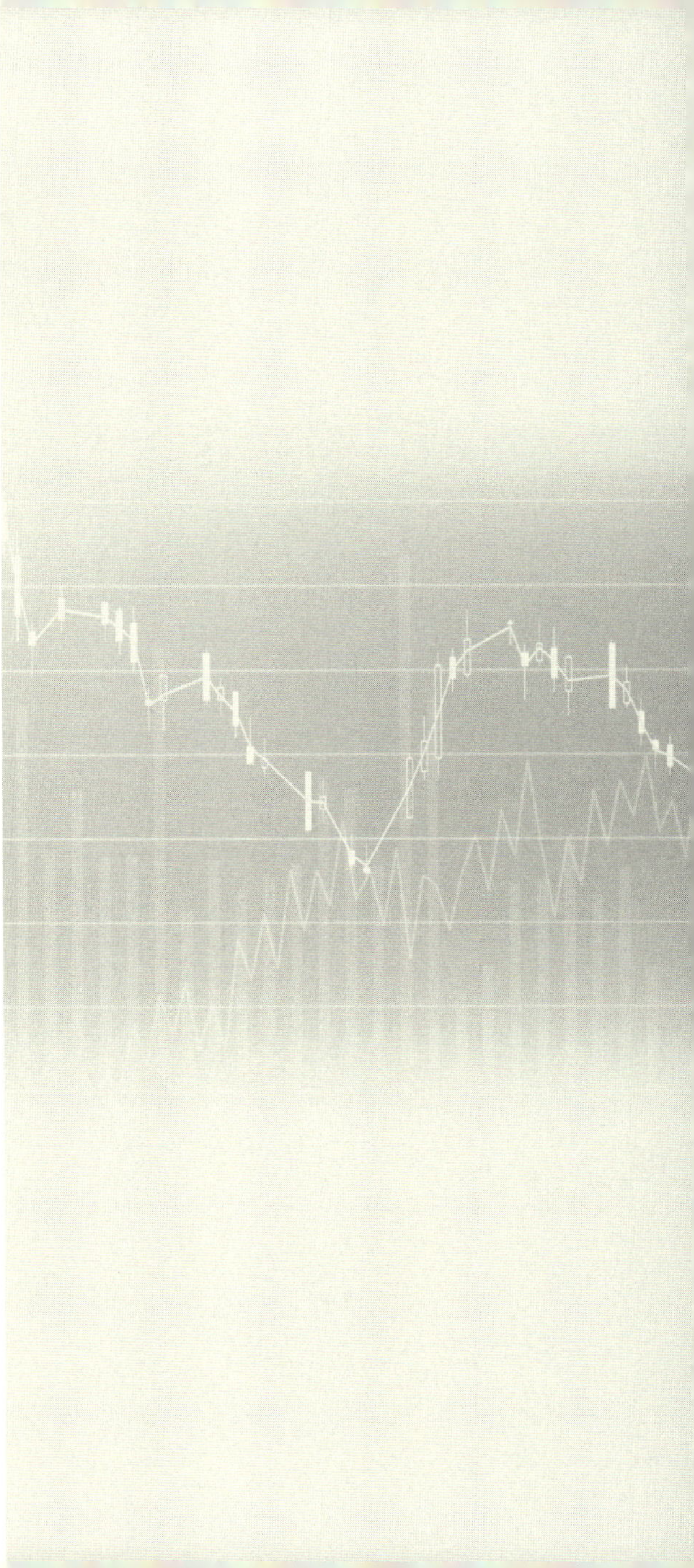

ポートフォリオと長期保有

株式投資には「短期売買」と「長期保有」があります。

このうち短期売買は、言うなれば株価自体を売買するもので、その時々の値動きを睨《にら》みながら売買を繰り返して、利益を積み上げていく投資法です。前述したように、タイミングを見計らって売買を繰り返して利益を得るのは、なかなか困難です。したがって、多くの人には長期保有をお勧めするわけです。その際にはポートフォリオを組むことが必須になってきます。

逆に言えば、短期売買ではポートフォリオを組む必要は一切ありません。短期売買は、値動きを売買する投資法ですから、複数銘柄に資金を分散させるのは、かえって投資効率を下げることになります。短期売買は値動きの激しい特定の銘柄に絞って、資金を集中的に投下して、大きなリターンを取りに行きます。

前述したように、この手法はタイミングを計るのが難しいし、何よりもずっとマーケットに張り付いていなければなりません。それこそ専業の投資家でなければできない手法です。私たちが寝ている夜中にマーケットが開いている米国株であれば、なおさらのことです。

これに対して長期保有は、極論すれば誰でもできます。何しろ持ち続けていれば良いのですから。

ただし、長く持ち続けるためには、相応の工夫も必要になります。そのひとつが、ポートフォリオを組むことです。

では、ポートフォリオとは何でしょうか。

「ポートフォリオ」のもともとの語源は「紙挟み」、「書類入れ」という意味合いで用いられていました。カメラマンなどのクリエイターが、自分の作品をファイリングして、これをポートフォリオと言っているケースもあります。要するに、何かを一覧するためのものということです。

欧米では、自分が保有している金融商品の明細書を、この紙挟みに入れて持ち歩いたという話もあり、そこから転じて保有している金融商品の一覧をポートフォリオと言うようになりました。

長期投資をするうえでなぜポートフォリオが必要なのでしょうか。それは、長期投資につきもののリスクを軽減させる効果が期待できるからです。

多くの人は、長期投資をすれば安全に運用できると思っているふしがあります。確かに、米国株式のように長期的な値上がり期待の高いマーケットに投資する場合は、目先で多少大きく株価が値下がりしたとしても、そのまま保有し続けることによって、値下がり分がいつの間にかリカバリーされ、さらにリターンを狙うことも十分に可能です。

しかし、長期投資にはひとつ弱点があります。それは将来の不確実性が高まることです。

たとえば今から20年後、30年後にどのような企業が活躍しているのかを、正確に見通せる人はいないでしょう。米国経済が今後も成長する可能性が高いのは、ある程度の蓋然性《がいぜんせい》を持って予測できるのですが、個別企業になると話は別です。もちろん投資する時は、長期的に成長すると思われる企業を選んでいるわけです。ところが実際問題、１００％の確率で大丈夫と断言することはできません。だからこそ、複数の銘柄に投資資金を分散させるポートフォリオ運用を心がけるのです。

ポートフォリオを組む場合、その前提として、〝元本割れリスクが極めて低い安定資産〟と、米国株式など〝リスクを取って資産を増やす成長資産〟の割合を、どの程度にすればいいのかを考えてください。

少しでも大きく資産を増やしたい気持ちはわかります。それでも１００ある資産を全部、値動きの激しい資産に集中させてしまうと、必要な出費が生じた時、現金化するのが困難な状況に陥ってしまう恐れがあります。

投資した株式が暴落した時、一方で子供の教育費など避けては通れない支出が生じてしまうと、持ち続けていれば株価が回復するはずなのに、売却して支払いに充てなければならなくなります。同じ損失でも、持ち続けていれば「評価損」なので、いつか損失が回復する希望を持てます。それなのに売却してしまったら「実現損」なので、そこからのリカバリーはできなくなります。

したがって、ポートフォリオを組む以前に、まずは〝元本割れリスクが極めて低い金融資産〟を一定額、保有する必要があるのです。具体的に言うと、円建ての銀行預金や個人向け国債がこれに該当します。特に円建ての銀行預金なら、満期前に解約したとしても、解約手数料などは一切取られずに現金化できます。あるいは証券会社の総合口座に組み入れられているＭＲＦ（マネー・リザーブ・ファンド）に一定額を置いておくのも良いでしょう。

では、こうした元本割れリスクの極めて低い金融商品に、どのくらいの資金を置いておけば良いのでしょうか。

この点について米国のファイナンシャルプランナーたちが常に言っているのは、「半年程度の生活費を現金で持つようにしましょう」ということです。理想を言えば1年程度、何もしなくても済むだけの現金があれば問題ありません。たとえば月々の生活に必要な資金が20万円だとしたら、その半年分である120万円は現金で持つようにします。これは、たとえ失業したとしても、半年くらいあれば何とか次の仕事を見つけられるのではないかということに基づいた考え方です。

120万円を円の現金で用意できれば、残りは全額、投資に回しても良いと思います。この120万円については、端《はな》から運用を考える必要はありません。とにかくいつでも元本割れしない状態で現金化できる金融商品に預けておくようにしてください。

ポートフォリオの基本は「コア・サテライト」

いざという時に必要な現金をいくら確保するかを決めたら、次はいよいよ米国株式など

図表22　長期ポートフォリオの構築法：コア・サテライトの考え方

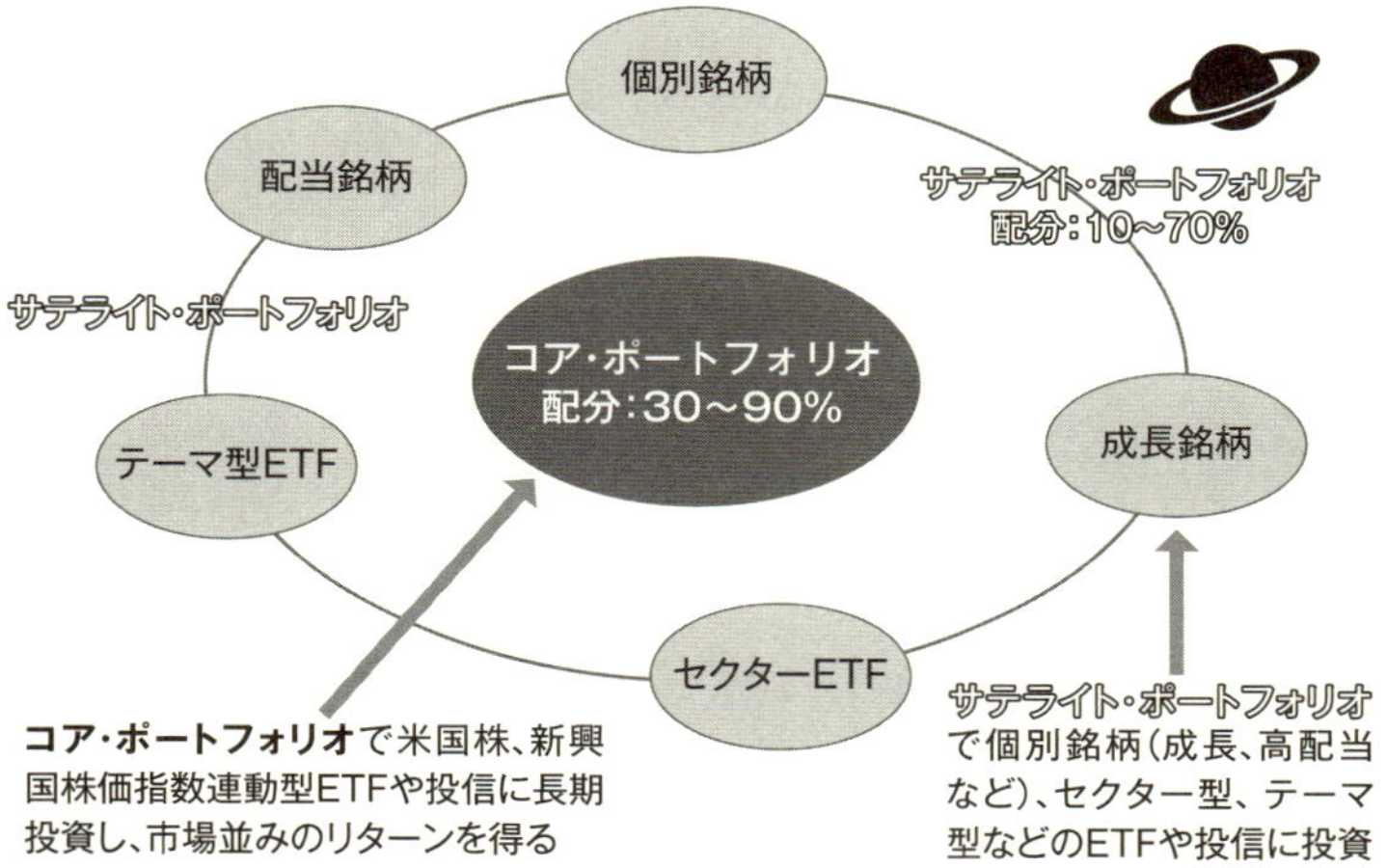

の成長資産のポートフォリオについて考えていきます。安定資産は元本割れリスクの極めて低い金融商品で運用します。成長資産は高いリターンが期待できる半面、元本を割り込むリスクもあるので、この部分については複数資産、複数銘柄に分散することによって、特定資産、特定銘柄の価格下落リスクを軽減させるように工夫します。

たとえば１０００万円のうち７００万円を成長資産に、３００万円を安定資産に振り分けるとしましょう。この７００万円で、たとえばテスラのような株価の変動が激しい株式を１銘柄だけ買ったとしたらどうなるでしょうか。

前述したように、テスラの株価は１年で40

%くらいは普通に調整します。つまり700万円を投資した後、40%も株価が下がったら、評価額は700万円が420万円まで目減りします。これに耐えられるかどうかを考えてみてください。

また、そんなことはまずないと思いますが、もしテスラが倒産してしまったら、この700万円はおそらくゼロ円になってしまうでしょう。そうしたら、1000万円のうち残るお金は、最初に安定資産に振り分けておいた300万円だけになってしまいます。

このようなリスクを最小限に抑えるためにあるのが、コア・サテライト投資の考え方なのです。

コア・サテライトとはコア・ポートフォリオとサテライト・ポートフォリオに分けて全体のポートフォリオを構築する方法です。コア・ポートフォリオは、S&P500など市場平均並みのリターンを取りに行く部分であり、サテライト・ポートフォリオは市場平均プラスアルファのリターンを取りに行く部分と考えていただければ良いでしょう。

コア・ポートフォリオとサテライト・ポートフォリオをどのような配分比率にするかです。これは成長資産の部分で、どの程度のリスクを取れるのかによって変動させます。

もちろん、これらの配分比率をどのように調整するかは、個々人のリスク許容度によりけりです。おおよその目安として、コア・ポートフォリオの配分比率は30～90%、サテライト・ポートフォリオのそれは10～70%で考えれば良いでしょう。

そしてコア・ポートフォリオへの配分比率が高まれば高まるほど、成長資産のリスクは市場平均並みに近づいていきます。市場平均並みのリスクは負うものの、大きく外す心配はないという程度のリスクと考えてください。

逆に、サテライト・ポートフォリオへの配分比率が高まるほど、成長資産のリスクは市場平均から乖離《かいり》して高まる傾向が生じてきます。

サテライト・ポートフォリオに組み入れる対象が、市場平均プラスアルファのリターンを目指すものになるため、それが奏功《そうこう》すれば、市場平均を超えるリターンが実現します。ただし、逆に市場平均を下回るリターンで終わってしまうことも十分に考えられます。

コア・ポートフォリオとサテライト・ポートフォリオの配分比率については、実際に資産を運用する当事者の年齢が、ひとつの判断基準になるかもしれません。

よく言われるのが、「若い時は思い切ってリスクを取りましょう。でも、年齢が上がるにしたがって、徐々にリスク資産の比率を減らしましょう」ということです。

その根拠は定期収入の有無にあります。定年前の現役時代は、給料やボーナスという定期収入があるので多少、資産運用で損をしたとしても、これらの定期収入で穴埋めできます。しかし定年を迎えて定期収入が公的年金のみになると、投資の失敗で大きな損が生じた時、穴埋めし切れない恐れが生じてきます。年齢が上がるにしたがって、成長資産の部分で取れるリスク量を、減らしておく必要があります。そのリスク量の調整を、コア・ポートフォリオとサテライト・ポートフォリオの配分比率で行うのです。

アイデアのひとつとしては、自分が定年を迎えて定期収入がなくなった時点で、成長資産のポートフォリオが全部、コア・ポートフォリオになるように、段階的にサテライト・ポートフォリオの比率を下げていく方法が考えられます。

逆に、30代でこの手の資産形成をスタートさせるなら、コア・ポートフォリオの配分比率を30%程度に抑えるのと同時に、サテライト・ポートフォリオへの配分比率を70%程度で運用します。

そして40代になったらコア・ポートフォリオを60%、サテライト・ポートフォリオを40%。50代になったらコア・ポートフォリオを80%、サテライト・ポートフォリオを20%。60歳から定年まではコア・ポートフォリオを90%、サテライト・ポートフォリオを10%というように、年齢が上がるごとに段階的に配分比率を見直します。最終的に定年後は、コア・ポートフォリオのみで運用し続けます。

コア・ポートフォリオのベースは「ＳＮＥ」

コア・ポートフォリオはあくまでも市場平均を狙うためのものです。ここで迷うのが、何に投資すれば良いのかということだと思います。

前著では、Ｓ＆Ｐ５００に連動するＥＴＦで十分だと書いたのですが、今回は新しいアプローチを提案したいと思います。それは「ＳＮＥポートフォリオ」です。

ＳＮＥは「Ｓ＆Ｐ５００」、「ＮＡＳＤＡＱ１００」、「Ｅｍｅｒｇｉｎｇ」の頭文字を取った、私の造語です。「Ｅｍｅｒｇｉｎｇ」（エマージング）は新興国のことです。つまり、Ｓ＆Ｐ５００とＮＡＳＤＡＱ１００、そして新興国の株価インデックスに連動するＥＴＦを組み合わせたポートフォリオで、コア・ポートフォリオを形成する投資法です。

コア・ポートフォリオに適した投資対象というと、最近だと多くの人が「オール・カントリー」をイメージするのではないでしょうか。これは「ＭＳＣＩオール・カントリー・ワールド・インデックス（ＭＳＣＩ　ＡＣＷＩ）」という株価インデックスが代表的で、これに対して運用成績が連動するようなポートフォリオを構築して運用される投資信託が、ここ数年で人気を博しました。

少し詳しく説明すると、先進国23カ国と、新興国24カ国の株式市場の総合的なリターンを、各国株式市場の時価総額で加重平均して指数化した株価インデックスです。つまり、各国株式市場の時価総額によって構成比率を算出したものをベースにして算出された株価インデックスになります。

この株価インデックスで、世界の株式時価総額の約85％をカバーしていると言われているので、その値動きを見ることによって世界の株価がどの方向に進んでいるのかを、おおまかに把握できます。

投資対象国や投資対象資産、あるいは銘柄が分散されればされるほど、その株価インデックスは資産運用のベースには最適という考え方が深く浸透しています。このせいか、コア・サテライト戦略を用いて長期投資のポートフォリオを構築する場合、オール・カントリーを用いるケースが一般的です。

しかし、私はあえてこの流れに逆らいたいと思います。ＭＳＣＩオール・カントリー・ワールド・インデックス（オルカン）でコア・ポートフォリオを構築するならば、前述した「ＳＮＥポートフォリオ」を用いたほうが、より効率的な運用ができるはずです。なぜなら、ＳＮＥポートフォリオのほうが、より成長性の高いものばかりに特化した内容になっているからです。

もちろん、オール・カントリーが悪いと言っているのではありません。コア・ポートフォリオの運用リスクを低めにしたいという人にとっては、オール・カントリーはベターな選択肢だと思います。特にこれから資産運用を始めるから、できればリスクの低い投資対象を選びたいと考えている人には、私が提案するＳＮＥポートフォリオよりも、オール・カントリーのほうが向いているかもしれません。

でも、資産運用をもっと前向きに捉えて、多少高めのリスクがあることは承知のうえで、少しでも高いリターンを得たいと考えている人には、ＳＮＥポートフォリオが適していると思います。

まずＳ＆Ｐ５００は米国を代表する株価インデックスで、非常に厳格な基準に基づいて、構成銘柄にするかどうかが決められています。実際、この株価インデックスに組み入れられている銘柄は、米国のなかでもピカ一の企業ばかりです。比率の上位から10銘柄を挙げると、アップル、マイクロソフト、エヌビディア、アルファベット（グーグル）、アマゾンドットコム、メタ・プラットフォームズ、バークシャー・ハサウェイ、ブロードコム、イーライ・リリーといった具合に、誰もが名前を聞いたことのある企業ばかりが挙がってきます。

いずれも進取の気質に富んでおり、米国だけでなく世界経済をけん引するような企業ばかりです。世界経済が成長していくなかで、これらの企業は長期的な成長が期待できます。

SNEポートフォリオの「N」に該当するNASDAQ100は、いわゆる米国企業のなかでもひときわ成長期待の高い企業群によって構成されています。S&P500に採用されている銘柄と被るものも少なくなく、主にテクノロジー企業が構成銘柄の中心です。今、米国を含む世界経済を支えているのはテクノロジーのイノベーションですから、テクノロジー企業が構成銘柄の中心となっているNASDAQ100は、未来の成長を資産形成に取り込むうえで、必要不可欠であると考えています。

そして最後に「E」のエマージングですが、新興国は長期的に考えれば、先進国を超えて成長していくはずです。

ところで、S&P500とNASDAQ100に関しては、それに連動するETFはた

図表23　MSCIオール・カントリー vs SNE

配当金の再投資を含むトータルリターン、円建て

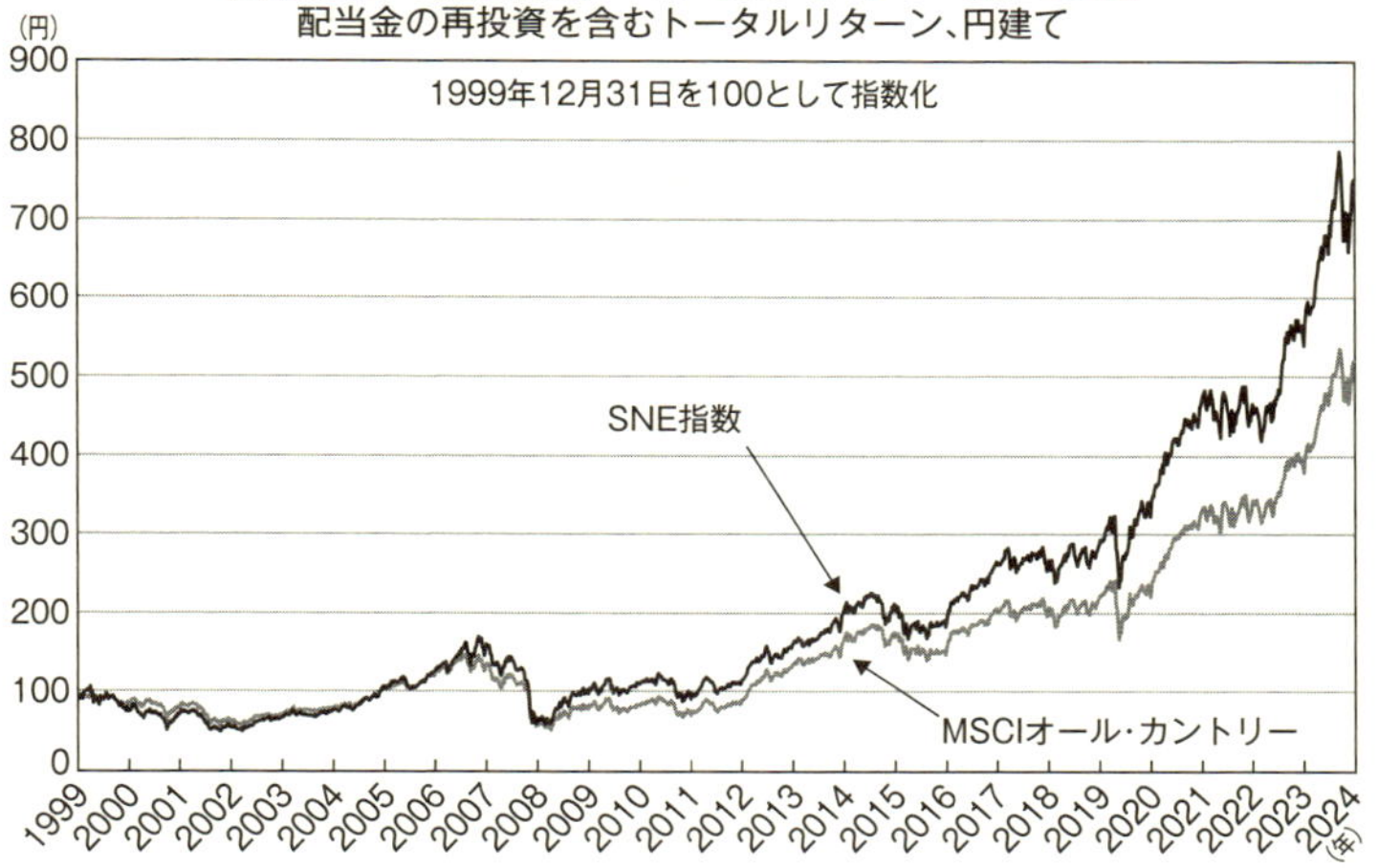

出所：ブルームバーグよりマネックス証券作成

くさんあります。そのなかで新興国は何が良いかというと、現状においてはＮＩＳＡのつみたて投資枠でも購入できる「上場インデックスファンド海外新興国株式」で十分だと思います。このＥＴＦは、ＭＳＣＩエマージングという株価インデックスに連動することを目標にして運用されています。

このようにＳＮＥポートフォリオは、より積極的に世界経済の成長を取りにいくための投資であるとも言えます。

では、Ｓ＆Ｐ５００とＮＡＳＤＡＱ１００、そしてエマージングの３つを、どのような比率で組み合わせれば良いのでしょうか。

これはあまり難しく考える必要はないでしょう。単純に３分の１ずつの組入比率で良い

と思います。こちらのチャートはSNEポートフォリオとオール・カントリーのリターンを比較したものです。オルカンと異なり、世界のベストを選んだポートフォリオはこれまで高いリターンを示したのです。

基本的に、S&P500に比べてNASDAQ100やエマージングのほうが、期待リターンが高い半面リスクも高いのです。より積極的にリスクを取って、高いリターンが欲しいという人は、NASDAQやエマージングへの投資比率を高めれば良いですし、そこまでのリターンを望まないのであれば、S&P500への投資比率を高めれば良いと思います。

とは言うものの、ここで組入比率を細々と調整したところで、リスク・リターンの特性はそんなに大きく変わらないでしょう。その意味では、前述したように、S&P500とNASDAQ100、そしてエマージングへの投資比率を3分の1ずつにしておくのが、シンプルでわかりやすいと思います。

エマージングはオール・カントリーでも投資できるけれど……

エマージングへの投資はオール・カントリーでも実は可能です。ＭＳＣＩオール・カントリー・ワールド・インデックスには、23カ国の先進国に加えて、24カ国の新興国が含まれているからです。

新興国の構成国は、次の通りです。

ブラジル、チリ、コロンビア、メキシコ、ペルー、チェコ共和国、エジプト、ギリシャ、ハンガリー、ポーランド、カタール、サウジアラビア、南アフリカ、トルコ、アラブ首長国連邦、クウェート、中国、インド、インドネシア、韓国、マレーシア、フィリピン、台湾、タイがそれです。

したがって、オール・カントリー系のＥＴＦでも十分に新興国投資は可能なのですが、ひとつだけ問題があります。それは、新興国の投資比率だけを調整できないことです。

たとえば新興国の株式は、金利が上昇局面に入ると、あらゆる資産クラスのなかでもっとも売られます。これはドル買いとは逆の動きでもあります。つまり米国の金利上昇とドル買いがセットになり、その裏側で新興国株式が大きく売り込まれるのです。

なぜそのようなことになるのかというと、新興国の大半はドル建ての負債をたくさん抱えている国が多いからです。金利が上昇すれば、ドル建て負債をたくさん抱えている新興国の経済情勢が悪化します。同時に資本が新興国から米国に引き上げていくため、ドルが買われます。つまりドル高が進みます。それとともに新興国の経済情勢悪化によって、新興国企業の業績が悪化するため、株価の下落を引き起こします。

また、それとは逆に金利が低下すれば、新興国が抱えているドル建て負債の金利負担が軽減され、経済活動が徐々に活況を取り戻します。同時に、新興国に投資する動きが出てくるため、ドルが売られ、同時に新興国企業の株価が値上がりしやすい環境へと変わっていきます。

仮に900万円の資金を300万円ずつS&P500、NASDAQ100、そしてエマージングに投資していたとします。ところが金利上昇が進んだことによって、新興国の株価が大きく下がり、300万円ずつ投資したのに、エマージングだけが200万円に値下がりしてしまいました。

ここで資金的な余裕があれば、300万円から200万円にへこんだ新興国に100万円を投入したいところです。

でも、オール・カントリータイプのETFだと、確かに新興国も組み入れていますが、ETFはすべてがパッケージ化された金融商品なので、個人が運用会社に連絡して、エマージングの組入比率を指示することはできません。ここがパッケージ商品であるETF、もしくは投資信託の不便なところです。

でも、SNEポートフォリオのように、S&P500、NASDAQ100、エマージングをそれぞれバラバラに購入すれば、このように追加投資をしたい時、自由に資金を調整できます。あえてオール・カントリーの欠点を申しあげるなら、パッケージ化されているため、投資家が自分でポートフォリオの中身を調整できない点にあります。この点は、SNEポートフォリオで運用したほうが有利です。

私が新興国投資に注目している理由

余談ですが、私が新興国に興味を持ったのは、かれこれ40数年前の話です。1977年、私が中学生だった頃です。当時、短波放送という特殊な周波数に乗せられて流れてくる世界中のラジオ放送に興味を持っていた私は、それを聴きながら英語の勉強などをして少しずつ英語が上達していた、そんな時代でもありました。

たまたま学校に、「短波」という短波放送の雑誌が置いてあり、その表紙を何となく見ると、「この夏狙えるアフリカ局のすべて」というタイトルが目に入ってきました。

正直、興奮しました。

当時、海外に行くことなんてとても大変な時代で、ましてやアフリカなんて地図でしか見たことのない、まったく見知らぬ土地です。そこのラジオ放送を、小さな短波放送の受信機で聞くことができる。まだインターネットもありませんでしたから、本当に衝撃的なことだったのです。

そんなことから海外、特に新興国に興味を持つようになったのです。大学生になった時、その興味の延長から、米国のNBCニュースという3大TVネットワークの報道専門放送局で、アルバイトをしていました。東京にNBCのアジア総局があったのです。

1983年8月、フィリピンから国外追放されていたベニグノ・アキノ議員がフィリピンに戻ってきたところ、空港で暗殺されてしまうという事件が起こりました。この時、いきなりNBCのスタッフから、「明日、マニラに飛んでくれ」と言われました。アキノ議員の暗殺でフィリピンは大混乱になっており、その様子を取材している現地記者に、連絡用の業務用トランシーバーを持って行くというミッションが与えられたのです。しかも、現地でトラブルに直面した時に渡すワイロまで持たされました。学生のアルバイトです。

1983年8月21日空港到着直後に銃撃をうけ射殺されるアキノ議員(右)
(出所：Aljazeera)

フィリピンでの暴動の様子
(出所：Divinemysteries)

そんな縁もあったので気になるフィリピンはどうかといえば、そういう時期を経て、今では高い経済成長が期待されている国のひとつになっています。

そのポテンシャルを示すのに持ってこいのグラフがあります。東京電力とマニラ電力（フィリピン最大の電力会社）の株価比較です。データが入手できた１９９２年１月31日を起点にして、２０２４年10月17日までのほぼ33年間の推移を示しています。東京電力は途中、２０１１年の東日本大震災で株価が大暴落したこともありますが、それでも１９９２年からずっと株価は横ばいです。

一方、マニラ電力の株価は円建てではほぼ20倍まで値上がりしました。フィリピンは今

図表24　東京電力とマニラ電力の株価比較(円建て)

出所：ブルームバーグよりマネックス証券作成

も経済発展がやや遅れ気味で、株式市場もまだまだ未成熟ではありますが、長期的に見ればこれだけのリターンが見込まれます。実際、世界のGDPに占める新興国の比率は41%で、世界の株式市場の時価総額に占める、新興国のそれは23%でしかありません。

これは経済の実態に対して、株式市場の規模が小さいことを意味します。そのギャップが解消されていく過程において、まだまだ新興国の株式市場が大きく成長する余地があるのです。

中南米のペルーという国の話もしておきましょう。１９９０年代のペルーはハイパーインフレに悩まされていて、センデロ・ルミノソという極左テロリスト集団が国を支配していました。非常に危険な国で、米国のアメリカン航空が、ペルーの首都であるリマ行きのフライトを中止したという話もあるくらいでした。

そんなひどい状態であったにもかかわらず、リマの証券取引所は機能していました。ちゃんと取引が行われていたのです。

当時、私はニューヨークにあったソロモン・ブラザーズで働いていたのですが、新興国に投資する部署のスタッフが「面白い投資機会だから一緒に投資しよう」と誘ってくれて、興味本位で2000ドルだけ投資してみました。1992年のことです。

投資した会社は、バッカスというビールの会社と、セメントス・デ・リマというセメントの会社、バンコ・デ・クレジットという銀行、そしてテレフォノス・デ・ペルーという電話会社の4銘柄でした。

そして、これらに投資した2000ドルが、半年後には1万ドルになりました。そのポテンシャルの大きさに驚き、これがきっかけになり、新興国投資に興味を持つようになったのです。

他にも新興国にまつわる話はたくさんあります。

たとえばインドの銀行。ADR（米国預託証券）が米国の証券取引所に上場されていて、その時価総額は日本の銀行よりも大きく、顧客数も上回っています。すでに規模感では、日本の銀行すら超えようとしています。

またアマゾンは世界的に有名なオンラインショッピングの会社ですが、たとえばアルゼンチンのメルカド・リブレや、アフリカ版アマゾンと言われているジュミア・テクノロジーズも、物凄いペースで成長してきています。

特に新興国の株式は、バリュエーションが非常に割安で、ＰＥＲも歴史的な平均値を下回る状態が続いています。非常に高いポテンシャルを持っている企業の株式が、極めて割安な水準で放置されている今は、まさに新興国株投資を始めるにはもってこいのタイミングといってもいいでしょう。

サテライト・ポートフォリオは10銘柄程度に分散したい

少し長くなりましたが、コア・ポートフォリオの考え方は以上です。サテライト・ポートフォリオについても少し触れておきたいと思います。

サテライト・ポートフォリオは、個別企業の株式やテーマ型のＥＴＦなどを組み合わせることによって、Ｓ＆Ｐ５００のリターンに対してプラスアルファのリターンを狙いに行きます。

つまりＳ＆Ｐ５００のようなインデックス投資では取れない類のリターンを取りに行くのが、サテライト部分の役目です。

したがって、コア・ポートフォリオとサテライト・ポートフォリオの比率をどうするかによって、リスク資産のリスク・リターンに変化が生じてきます。

一般的なコア・サテライト戦略の組み合わせの比率は、コア・ポートフォリオが80％に対して、サテライト・ポートフォリオを20％にするというものです。この比率は個人のリスク許容度に応じて考える必要があります。前述したように、リスク許容度の小さい人は、できるだけコア・ポートフォリオへの配分比率を高めにしてください。

ではサテライト部分については、どの程度の分散が必要でしょうか。

私は最低でも5銘柄、できれば10銘柄くらいに分散しておけば十分だと考えます。本書は、米国株の未来は非常に明るいという前提で話を進めているので、コア部分でＳＮＥポートフォリオを構築するＥＴＦに投資したら、サテライト部分はすべて米国株式の個別銘柄でも良いでしょう。本書の第5章で、これから長期的な成長が期待できる米国株式をピックアップしています。それを参考にして複数銘柄に投資するのも良いですし、テーマ型のETFを複数組み合わせるという手もあります。

ちなみに「ポートフォリオ」という場合、資産クラスといって株式の他に債券、不動産、コモディティなど、株式以外の資産も含めた資産クラス分散という考え方を披歴《ひれき》される方もいらっしゃいます。でも投資初心者であれば、そこまでの分散は不要であると考えます。

なぜなら今後10年、20年を考えても、米国経済の成長は疑いのないところであり、そうであるとするならば、わざわざ将来どうなるかわからないような資産クラスにまで大事な運用資金を分散させる必要がないからです。それは運用効率を下げる無駄な投資になる恐れがあります。

資産活用層も米国株投資で

いつまで投資し続ければ良いのでしょうか。

「長期投資しましょう」という話をすると、必ず出てくるのが、この手の質問です。いつまでだと思いますか。

先にも触れた通り、定年を迎えて、定期収入が公的年金になった時点で株式というリスク資産の配分比率を落とし、基本的には預貯金や債券などの安定資産のみで運用するのが理想というのが、これまでの考え方でした。

しかし、これからはどうも、そのようなことは言っていられない時代になるのかもしれません。

理由は2つあります。ひとつはインフレ。もちろん金利がインフレ率を上回る水準まで上昇すれば、預貯金でも十分にインフレリスクをヘッジできそうです。ところが昨今のインフレ率と預貯金金利を見る限り、どうもそうはならなさそうです。

このような状況が今後も続くという前提のもと、定年になった時点で手持ちの資産をすべて預貯金や債券にしてしまったら、インフレによって資産価値が毀損《きそん》してしまうことになります。そのリスクを軽減させるためには、定年後も一定の資金をリスク資産への投資に回しておく必要があります。

もうひとつは人生百年時代になってきたことです。昔は日本人の平均寿命が短かったので、たとえば1000万円もあれば余生を過ごせたのかもしれません。しかし会社をリタイアした後、30年とか40年もの長い第二の人生があることを考えると、1000万円の金融資産を持っていたからといって、ゆとりのある生活はできません。やはり一定額は投資に回して運用し続ける必要があります。

もっとも、運用するといっても過度なリスクを取る必要はありません。サテライト・ポートフォリオへの配分比率だけをゼロにして、コア・ポートフォリオだけで運用を続けるのが、一番オーソドックスな方法でしょう。コア・ポートフォリオとしてS&P500とNASDAQ100、そしてエマージング市場に投資するETFで運用しているのだとしたら、過度なリスクを取らないようにするため、たとえばS&P500のETFだけにするといった工夫もしたほうが良いかもしれません。

また、これは少し変わった方法ですが、米国株式をうまく活用して定期的なキャッシュフローを生み出すことも可能です。米国株式は年4回、配当を出すことになっているので、配当の月が異なる銘柄を3銘柄組み合わせれば、「4回×3銘柄=12回」の配当金が出るというわけです。

これは実際に表を見ていただくのが一番わかりやすいと思います。ここに取り上げた一例は、アルトリア・グループ、AT&T、クラフト・ハインツという3銘柄の組み合わせ

図表25　米国株で毎月配当金の支払いを受け取る組み合わせの提案

組み合わせ提案 ❶

銘柄名	ティッカーコード	配当支払いカレンダー											
		1月	2月	3月	4月	5月	6月	7月	8月	9月	10月	11月	12月
アルトリア・グループ	MO	○			○			○			○		
AT&T	T		○			○			○			○	
クラフト・ハインツ	KHC			○			○			○			○
		1月	2月	3月	4月	5月	6月	7月	8月	9月	10月	11月	12月
アルトリア+AT&T+クラフト・ハインツ		MO	T	KHC	MO	T	KHC	MO	T	KHC	MO	T	KHC

組み合わせ提案 ❷

銘柄名	ティッカーコード	配当支払いカレンダー											
		1月	2月	3月	4月	5月	6月	7月	8月	9月	10月	11月	12月
フィリップ・モリス・インターナショナル	PM	○			○			○			○		
ベライゾン・コミュニケーションズ	VZ		○			○			○			○	
シェブロン	CVX			○			○			○			○
		1月	2月	3月	4月	5月	6月	7月	8月	9月	10月	11月	12月
フィリップ・モリス・インターナショナル+ベライゾン・コミュニケーションズ+シェブロン		PM	VZ	CVX	PM	VZ	CVX	PM	VZ	CVX	PM	VZ	CVX

です。配当支払いカレンダーに記した○の部分が、各銘柄の配当金支払い月になります。結果、1月はアルトリア・グループ、2月はAT&T、3月はクラフト・ハインツという順番で配当金が支払われ、その後も同じ順番で毎月、配当金を受け取ることができるのです。

もちろん、だからといって配当利回りが低いのでは意味がありません。この3銘柄を選んだのは、S&P500の配当利回りが1・2%程度なのに比べても米国株式のなかで比較的配当利回りが高いからです。アルトリア・グループの配当利回りが年8・11%、AT&Tが年5・1%、そしてクラフト・ハインツが年4・55%で、平均で5・89%の配当利回りが実現します。

あるいはフィリップ・モリス・インターナショナル、ベライゾン・コミュニケーションズ、シェブロンという3銘柄のプランも提示してみました。こちらの3銘柄平均の配当利回りは年4・98％になります。

仮に平均で5％程度の配当金を得ることができたら結構、毎月の生活が楽になります。たとえば定年を迎えるまでに、コツコツと積み立ててきた運用資産が4000万円になっていたとしましょう。この4000万円で年平均5％の配当利回りが得られたとしたら、1年で受け取れる配当金額は200万円です。これを12で割ると、月々得られる配当金額は16万6000円です。これは課税前の数字ですが、税金を差し引いたとしても13万円強の手取りは残ります。これに公的年金を加えれば、老後の資金はかなり安心でしょう。さらにこれらの銘柄は増配銘柄で、毎年少しずつ配当金の支払い額を増やしているのです。

しかも、このように一定年齢に達するまでに築き上げた運用資産を高配当利回り銘柄に投資して、そこからの配当金を受け取る場合、原資となる運用資産を取り崩さずに済むというメリットがあります。

とにかく取り崩して使うためのカツカツのお金を、何とか定年まで貯めて、そこからは何も運用せずに「公的年金+取り崩した資産」で老後を乗り切ろうと考えている人は少なくありません。しかし、この方法だと着実に金融資産が減っていくので、必ず途中で「お金、もつかな」と不安になります。

でも、前述したように高い配当利回りが得られる米国株式に分散投資して、安定的に配当金を得られる仕組みを作ってしまえば、このような不安に駆られる心配もなくなるでしょう。その意味で、高齢者になってからも米国株式投資をお勧めする次第です。

また、これは副次的な効果として、高齢者になっても米国株式投資を続けていれば、ずっと頭脳明晰でいられる可能性もあります。

何しろ、高い配当金を持続的に受け取れるようにするためには、投資先の企業が安定した収益を上げていなければなりません。業績の悪化は、配当金の減額につながります。そのような状況に直面しないようにするためにも、投資先企業の業績をしっかり把握しておく必要があります。

頭を使うから、ボケないというわけです。この点も含めて、３銘柄の組み合わせでポートフォリオを組むのも一興《いっきょう》でしょう。

第4章

実際に投資してみよう

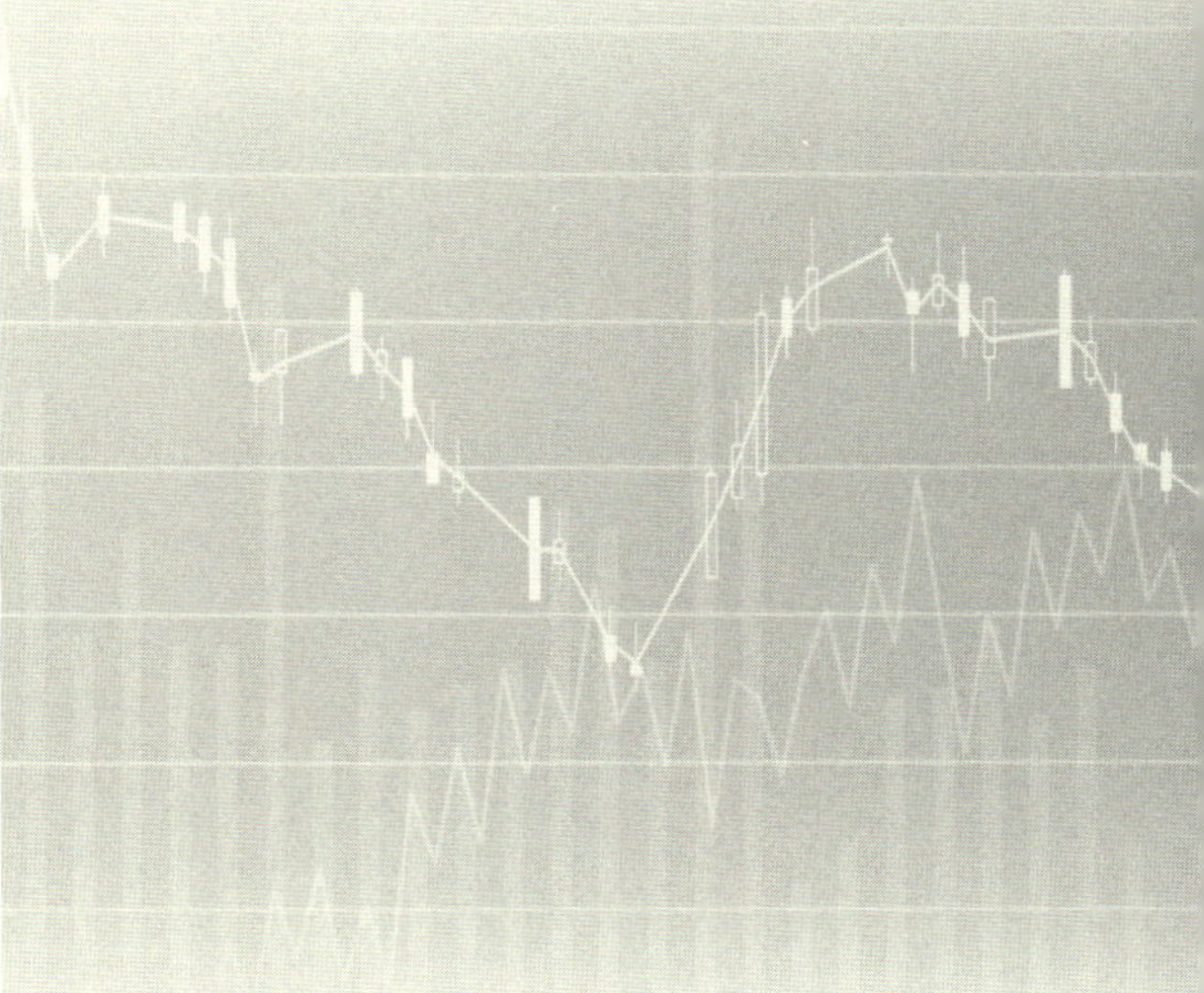

新NISAでも買える米国株式

NISAの制度が見直されて11カ月が過ぎようとしています。旧制度である「一般NISA」と「つみたてNISA」の新規投資受け入れは、2023年12月末で中止となり、2024年1月からは新たに、「成長投資枠」と「つみたて投資枠」による非課税投資が可能になりました。

成長投資枠は現物株式、株式型投資信託、ETF、J-REIT（不動産投資信託）の買付が可能であり、つみたて投資枠は特定の株式型投資信託のみに限定されています。

そして米国株式も、実はNISAで買い付けることができます。今、申し上げたように、つみたて投資枠は投資信託しか投資できませんが、成長投資枠は現物株式にも投資できます。そして、この現物株式には日本株式だけでなく、米国株式も含まれるのです。

ではNISAの制度が見直されたことによって、何が変わったのかを整理しておきましょう。

まず非課税投資枠が大きく拡大されました。旧制度では、一般NISAの年間投資可能額が１２０万円、つみたてＮＩＳＡが40万円で、それぞれの非課税保有限度額は前者が６００万円、後者が８００万円でした。かつ、一般ＮＩＳＡとつみたてＮＩＳＡの併用は認められていませんでしたから、非課税保有限度額は６００万円、ないしは８００万円だったのです。

これに対して新しいＮＩＳＡでは、成長投資枠とつみたて投資枠の併用が認められ、両方を合わせた非課税保有限度額は１８００万円になりました。なお、成長投資枠の年間投資可能額は２４０万円で、つみたて投資枠のそれは１２０万円になります。

また、つみたて投資枠のみで投資するなら１８００万円まで積み立てられ、成長投資枠の非課税保有限度額は１２００万円になります。したがって、成長投資枠を用いて１８００万円の非課税保有限度額を満たすためには、残りの６００万円をつみたて投資枠で投資する必要があります。

なお、新しいＮＩＳＡでは、制度そのものが恒久化され、非課税期間も無期限となりました。つまり20年、30年という長期にわたってＮＩＳＡ口座で保有している株式や投資信託などから生じる値上がり益や分配金、配当金については、基本的に非課税扱いになるのです。

ただし、米国株式をＮＩＳＡ口座で投資する場合、ひとつだけ留意しておくべき点があります。それは、配当金については課税されるということです。

株式の配当金に対する税率は、課税口座の場合20・３１５％です。ＮＩＳＡ口座で日本株式に投資すると、配当金に対する税金が完全な非課税になるものの、米国株式の場合、米国側の配当課税だけは逃れることができません。

課税口座で米国株式に投資した場合、そこから発生する配当金については、米国に10％、日本に10・３１５％を税金で支払う形になります。これは日米間で締結されている租税条約によって、配当に対する課税は、日本国内での税率である20・３１５％に収まるよう、米国と日本で折半する形になっているからです。

ＮＩＳＡは基本的に米国にとっては何の関係もない制度です。そのため、配当金に対する税率は、たとえＮＩＳＡ口座を通じて投資した場合でも、米国側に支払う10％は負担しなければなりません。つまり、ＮＩＳＡ口座を通じて投資した米国株式から生じた配当金は、その10％が課税されてしまうのです。

ちなみに、米国側に税金を払わなければならないのは、あくまでも配当金にかかる分のみです。値上がり益については非課税扱いになりますので、その点は心配しなくても大丈夫です。

つみたて投資枠はＥＴＦで運用する

ＮＩＳＡ口座を用いて米国の個別株式に投資する場合、成長投資枠を用いることになります。したがって、非課税保有限度額は１２００万円までになります。

成長投資枠は年間２４０万円が投資限度額になりますから、１２００万円の非課税保有限度額いっぱいまで投資するとしたら、５年かかります。これが成長投資枠を満たすための最短期間です。もちろん毎年２４０万円も株式投資に資金を回すのは難しいというケースもあります。その場合はもっと少額資金でも大丈夫です。毎年50万円だと、１２００万円を満たすには24年もの歳月を必要とします。もし年齢が若かったら、それもありです。時間を掛けて、じっくりと米国株式のポートフォリオを構築してください。

さて、問題は１２００万円まで米国株式を買ったとして、つみたて投資枠をどうすれば良いのか、ということです。

残念ながら、つみたて投資枠で買える商品は、運用会社がつみたて投資枠用として金融庁に申請し、認められた投資信託とＥＴＦのみに限定されています。

ちなみに、つみたて投資枠の対象商品は、インデックス型の投資信託が２４０本、アクティブ型の投資信託が51本、ＥＴＦが８本の計２９９本です。このなかには米国株式を組み入れて運用するもの以外に、日本株を組み入れるもの、全世界株式に分散投資するもの、あるいは株式と株式以外の資産クラスに分散投資するものなど、さまざまなタイプのファンドが含まれています。

もちろん、成長投資枠を米国株式で投資するのであれば、ポートフォリオの分散投資効果を高めるために、つみたて投資枠は日本株やその他の資産クラスに投資する投資信託などを購入するという手もあります。

でも、できるだけ米国株式中心に投資していきたいと考えるのであれば、２９９本あるつみたて投資枠の対象商品から、米国株式を組み入れて運用する投資信託などを選べば良いでしょう。

なかでもお勧めしたいのは、ＥＴＦです。つみたて投資枠で買える米国株式のＥＴＦは2本あります。ブラックロックが運用する「ｉシェアーズ・コアＳ＆Ｐ５００ＥＴＦ」（テッカーシンボル：ＩＶＶ）と、日興アセットマネジメントが運用する東証上場の「上場インデックスファンド米国株式（S&P500）」がそれです。

いずれも名称でおわかりになる通り、米国を代表する株価インデックスであるS&P500への連動を目標にしたETFです。

ちなみにETFと言いましたが、これまであまり投資した経験のない方は、「ETFってなに？」と思われたかもしれません。簡単に説明しておきます。

ETFはExchange Traded Fundの略称で、要するに「上場投資信託」のことです。一般的な投資信託は、その受益証券を証券取引所には上場していません。しかしETFは受益証券を証券取引所に上場し、現物株式と同じように、取引所を介して売買できるのです。

もちろんETF以外の投資信託でも、米国の株価インデックスに連動するインデックス型投資信託や、米国株式を選別投資するアクティブ型投資信託もあります。ただし成長投資枠で買い付けるのが米国株式なら、それと同様に、いつでも自由に、その時々の市場価格で売買できるETFのほうが、親和性が高いような気もします。

ここは個々人の好き好きだとは思います。前述したようにバフェット氏でさえ、自分の死後は財産をS&P500で運用するよう、財産管理人に申し付けているわけですから、

S&P500のETFを買っておけば、まず外れはないでしょう。

また第3章でも触れたように、私はオール・カントリー（全世界株式）で運用するくらいなら、SNEポートフォリオで運用したほうが、高いリターンが期待できると考えていますので、つみたて投資枠は、新興国市場の株式を組み入れて運用されているETFを買うという手もあります。

現在、新興国株式を組み入れて運用されているETFとしては、日興アセットマネジメントの東証上場の「上場インデックスファンド海外新興国株式（MSCIエマージング）」が、1本だけあります。

ちなみに2024年7月31日時点における、同ETFの投資対象国とその投資比率は、中国（24・54％）、インド（20・01％）、台湾（18・45％）、韓国（12・11％）、ブラジル（4・32％）、サウジアラビア（4・03％）、南アフリカ（3・11％）、メキシコ（2・14％）、インドネシア（1・64％）、マレーシア（1・44％）、その他（8・22％）となっています。

NISAで投資する際の注意点

ＮＩＳＡは、前述したように値上がり益、ならびに株式の配当金、および投資信託の分配金に対して課税しないという、非常に優れた制度です。しかし、そのメリットと引き換えに、いくつか不便な点があることにも留意しておいたほうが良いでしょう。

一番の問題点は、損益通算ができないことです。

たとえばＮＩＳＡ口座内で複数の銘柄を保有したとします。Ａ株で50万円の利益、Ｂ株で20万円の損失が生じた場合、課税口座であれば損益通算ができるので、50万円の利益から20万円の損失を差し引いた残金である30万円に対して、20・３１５％が課税されます。そのため、税金として差し引かれる額は６万９４５円ですから、Ａ株の利益とＢ株の損失を相殺し、かつ利益に対する税金を差し引いたうえでの手取りは、23万９０５５円になります。

これに対してＮＩＳＡはＢ銘柄に生じた20万円の損失は、なかったものとして処理されます。とはいえ、50万円の利益に対しては一切課税されないので、Ａ株の利益とＢ株の損失を相殺して得られる利益は30万円です。

もちろんＮＩＳＡ口座で投資したほうが有利、ということになりますが、問題は課税口座とＮＩＳＡ口座の両方で投資をしている場合です。

たとえば課税口座で投資している株式に50万円の利益が発生したのとともに、ＮＩＳＡ口座で投資している株式に40万円の損失が生じたら、どうでしょうか。

本来なら、課税口座とＮＩＳＡ口座で損益通算ができれば、課税口座の利益は10万円になり、それに対する20・315％の課税で済むわけです。ところがＮＩＳＡ口座との損益通算は認められていないため、課税口座の利益である50万円に対して、まるまる税金がかかることになります。

ＮＩＳＡ口座で40万円の損失が生じていたとしても、損失はなかったものとして処理されてしまうのです。そして当然のことながら、課税口座では可能な損失の繰越控除も、ＮＩＳＡ口座に関してはできないことになります。

次に、ＮＩＳＡ口座で購入した米国株式を売却した場合の注意点についても触れておきます。

前述したように、新制度となったＮＩＳＡは、制度そのものが恒久化されています。旧制度のように期間限定の制度ではなく、ずっと続く制度です。そのため旧制度では、一度売却もしくは解約をすると、その枠の再利用はできなかったのです。しかし新制度ではまた利用ができます。たとえば１２００万円の枠を満たした後、２００万円分を売却した場合、旧制度では、２００万円分の枠が空いたからといって、新たに２００万円を追加投資するのは認められなかったのです。新制度では２００万円を追加投資できるようになったのです。

ただし、売却もしくは解約して空いた枠分を再利用する場合は、一定期間を開ける必要があります。たとえば8月に売却したとしたら、その翌年にならないと追加の買付ができないのです。つまり、1月に売却・解約して空いた枠を再利用する場合は、約1年後にならないとできないことになります。

これは、そもそもＮＩＳＡが長期投資をサポートするための制度であることから、いたずらに短期売買を誘発させないようにするための制約といってもいいでしょう。

また、成長投資枠の非課税保有限度額である１２００万円を満たした後、５００万円分を売却して利益確定させたとしましょう。その後、５００万円の枠を再利用できるわけです。成長投資枠は年間２４０万円が年間投資可能額なので、枠が回復した翌年に、一度に５００万円分を買い付けられるわけではありません。あくまでも２４０万円までしか買えないので、５００万円を再利用するためには、2年と少しの期間をかける必要があります。

口座を開設して取引を開始するまでの流れ

米国株式に投資しようと考えているのであれば、まず証券会社に口座を開く必要があります。

次に証券会社といっても、リアル店舗を持っている証券会社と、インターネット証券会社の２つがあります。どちらにしますか。

私は今、マネックス証券というインターネット証券会社で、外国株式のコンサルタントの仕事をしているので、いささか我田引水《がでんいんすい》のように感じる方もいらっしゃると思いますが、それでもやはりインターネット証券会社に口座を開くべきだと思います。なぜなら、リアル店舗型の証券会社で米国株式を売買すると、手数料などのコストが割高になってしまうからです。

加えて取扱銘柄も、圧倒的にインターネット証券会社のほうが多いでしょう。たとえば某大手証券会社が扱っている米国株式の銘柄数は８００銘柄と少しです。これに対してマネックス証券の場合だと、４９４０銘柄もあります。確かに銘柄数が多過ぎると選ぶのに迷ってしまうという意見もあります。でも大は小を兼ねますし、銘柄が多ければ多いほどお宝銘柄を発掘するチャンスにも恵まれます。

インターネット証券会社に口座を開設する際のフローチャートは図版の通りです。以前は口座を開設するのに、インターネット証券会社といえども数日間は掛かったのですが、今はオンライン口座開設が可能になったので、最短だと口座開設を申し込んだ翌営業日には口座を開くことができます。

証券会社に口座を開いたら、次はその口座に投資するためのお金を入金する必要があります。

一般的には証券総合口座に円で資金を入れた後、外国証券取引口座に移す際に円をドルに替えてから、米国株式に投資します。つまり「円売り・ドル買い」の取引を行うのです。この手続きはすべてインターネット上で行うことができます。

この口座間の資金移動については、証券会社によって仕様が異なるので、ここであえて細かく言及するつもりはありません。自分が口座を開いた証券会社のホームページか、リアル店舗型の証券会社で取引するという方は、営業担当者や支店窓口の人に質問すれば丁寧に教えてくれるはずです。

図表26　オンライン口座開設（マネックス証券）

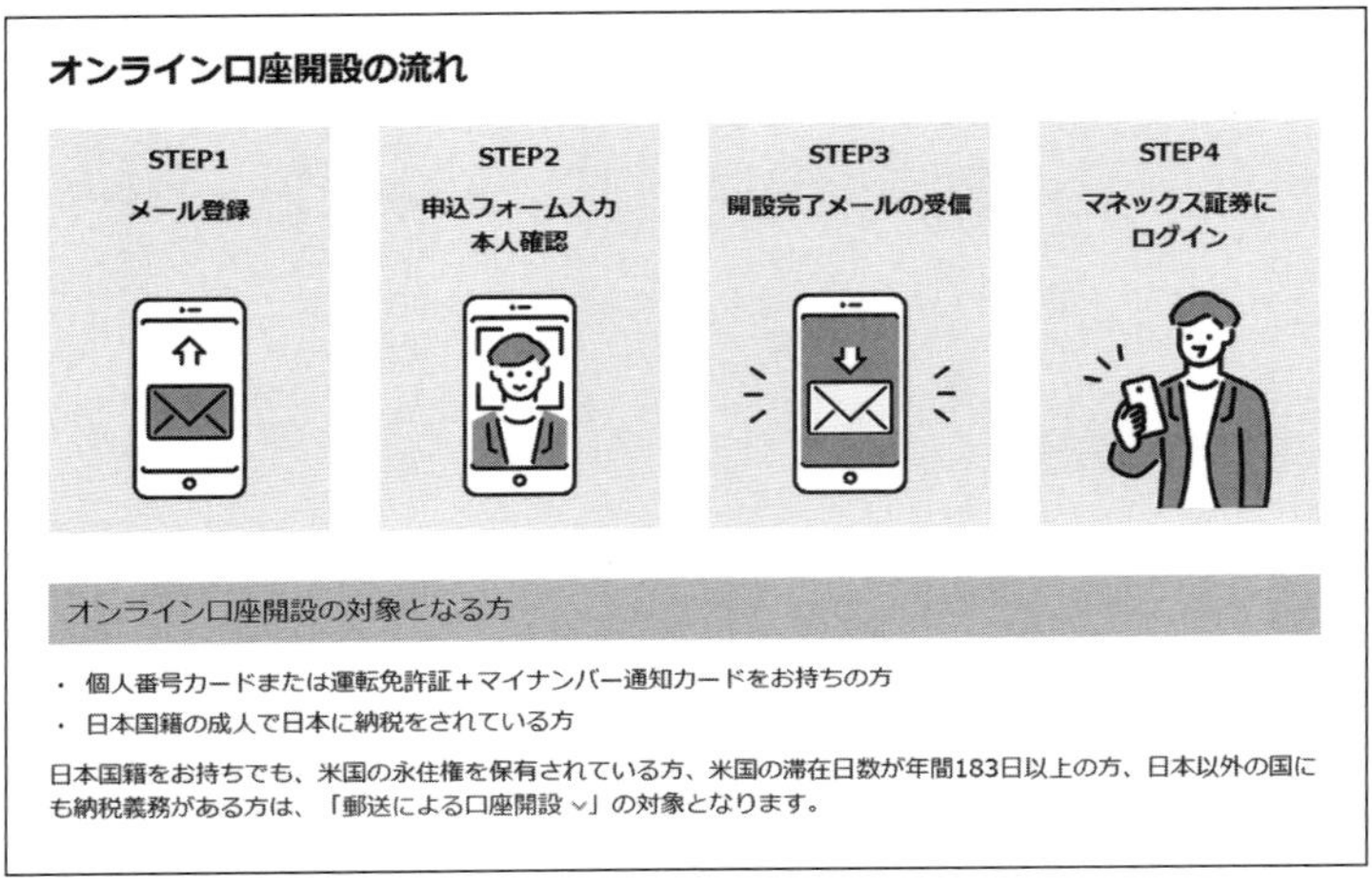

オンライン口座開設の流れ
STEP1
メール登録
STEP2
申込フォーム入力
本人確認
STEP3
開設完了メールの受信
STEP4
マネックス証券に
ログイン
オンライン口座開設の対象となる方
・個人番号カードまたは運転免許証＋マイナンバー通知カードをお持ちの方
・日本国籍の成人で日本に納税をされている方
日本国籍をお持ちでも、米国の永住権を保有されている方、米国の滞在日数が年間183日以上の方、日本以外の国にも納税義務がある方は、「郵送による口座開設」の対象となります。

図表27　郵送による口座開設（マネックス証券）

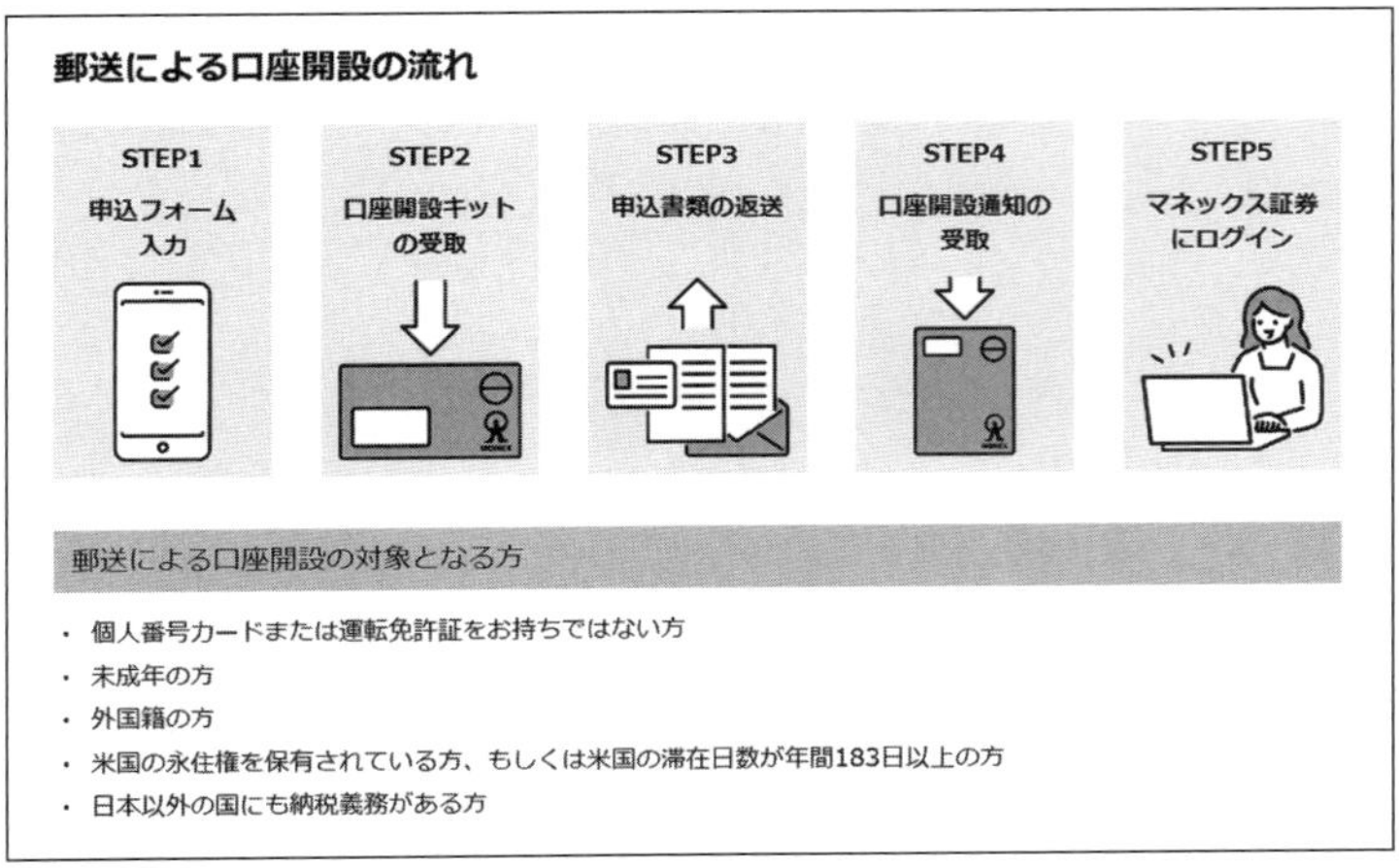

郵送による口座開設の流れ
STEP1
申込フォーム
入力
STEP2
口座開設キット
の受取
STEP3
申込書類の返送
STEP4
口座開設通知の
受取
STEP5
マネックス証券
にログイン
郵送による口座開設の対象となる方
・個人番号カードまたは運転免許証をお持ちではない方
・未成年の方
・外国籍の方
・米国の永住権を保有されている方、もしくは米国の滞在日数が年間183日以上の方
・日本以外の国にも納税義務がある方

出所：マネックス証券ホームページより

いよいよ円をドルに替えて米国株式に投資するわけですが、円をドルに替えた時点で「為替手数料」がかかってきます。為替手数料の料率は証券会社によって異なりますので、これも自分が口座を開いた証券会社のホームページで調べるか、もしくは電話をかけて確認しておいたほうが良いでしょう。

ちなみにマネックス証券の場合、円をドルに替える場合は無料。逆に米ドルを円に替える場合は１ドルにつき25銭が為替手数料として取られます。

なお、購入時の為替手数料は無料という点については、あくまでも現時点の話です。マネックス証券はこの部分を定期的に見直しているため、今は為替手数料が無料でも、将来的には一定の為替手数料が取られることになる可能性はあります。

米国株式に投資する場合は、為替手数料以外にもコストがかかってきます。１取引につき約定代金の０・45％が手数料としてかかります。

ちなみに手数料は上限が決まっており、最大で20ドルです。たとえば約定代金が１５００ドルだとしたら、その０・45％である６ドル75セントが取引手数料になります。もちろん売却する際も同じ料率の手数料が適用され、通常の手数料に加えて約定代金１ドルにつき０・０００００２７８米ドルの現地手数料がかかります。

なお、マネックス証券のＮＩＳＡ口座で米国株式に投資する場合は、売買手数料が無料になります。この点は、ＮＩＳＡで米国株式に投資する際の隠れたメリットということで、注目していただいても良いでしょう。

また注文可能時間については、米国の株式市場が開いている時間帯になりますから、日本時間だと夜から翌日朝までになります。

米国の立ち合い時間は現地時間の9時半から16時までです。この時間帯を日本時間にすると、夏時間が適用される期間は22時半から翌日5時までであり、冬時間が適用される期間は23時半から翌日6時までになります。米国の場合、3月第2日曜日から11月第1日曜日までがサマータイム（夏時間）の期間であり、それ以外が冬時間になります。

なお米国の株式市場は、立ち合い時間の前と後に「プレ・マーケット」と「アフター・マーケット」という時間外取引が可能な時間帯があり、この時間帯に売買発注することもできます。実際に注文を出すに際しては、日本株と同じように「成行注文」と「指値注文」を選ぶことができますし、逆指値注文なども可能です。

税金について

本章の冒頭で、ＮＩＳＡについては説明しましたので、ここでは課税口座を用いて米国株式を売買する際の税金について説明します。

米国株式で生じた収益については、日本株を取引したのと同様に税金がかかってきます。特定口座か一般口座のいずれかを選択するのも日本株と同じです。

特定口座の場合、「源泉徴収あり」と「源泉徴収なし」を選択できます。源泉徴収ありを選んだ場合、売却益は源泉徴収され、原則として申告は不要です。また配当金については源泉分離課税になるので、外国税額控除を受けたい人は確定申告をしたうえで総合課税か申告分離課税のいずれかを選びます。もちろん確定申告をするかどうかは任意なので、しないという選択肢もあるのです。ただし、その場合は外国税額控除を受けられません。外国税額控除については後ほど詳しく説明します。

次に、特定口座でも源泉徴収なしを選択した場合、あるいは一般口座を選んだ場合です。売却益に対する税金は確定申告によって申告分離課税扱いになります。ただし配当金については源泉分離課税扱いになるので、任意で確定申告することができます。これも外国税額控除を受けたい人は確定申告をしたうえで、総合課税か申告分離課税のいずれかを選びます。また確定申告をしない場合は、外国税額控除を受けられません。

外国税額控除とは、二重課税を調整するためのものです。米国株式投資で得た収益のうち、売買益は原則として米国で課税されません。しかし日本国内においては日本株の売買益に対する課税と同様、売買益の20・315％が税金として徴収されます。

一方、配当金に対する税金については、米国株式の場合、米国と日本の両方で課税される形になります。これを二重課税と言います。特定口座の源泉徴収ありを選んだ場合、あるいは特定口座の源泉徴収なしか一般口座を選んだ場合も、配当金については米国で10％、さらに日本で20・315％が徴収されてしまいます。いずれについても確定申告をすることによって外国税額控除を受け、外国で課せられた税額を日本の所得税や住民税から差し引くことで、実質的に配当金に対する税率を20・315％にします。

ただ確定申告をするかどうかはあくまでも任意なので、いちいち確定申告をするのが面倒だという人は、米国で課税される10％は諦めるという選択肢もあります。

10％が物凄い金額になるほど大口投資をしている人なら、外国税額控除も意味がありますが、少額投資であれば、確定申告に掛かる手間を考えると、外国税額控除は受けなくても良いのかもしれません。

長期保有を心がけること

米国株式投資で成功するために押さえておくべきポイントを、ここでいくつか説明しておきたいと思います。

まず長期保有を心がけてください。

その理由は、本書の第2章でも触れたように、米国経済はこれからも成長を続ける可能性が極めて高いからです。人口が増え続けますし、世界中から優秀な若者が米国で学ぶために集まり、その優秀な頭脳が企業の成長にも貢献していくというエコシステムが機能しているからです。

それに加え、米国は世界でもっとも強い軍事力を持ち、使用言語である英語は国際共通語であり、米国の通貨である米ドルは世界の基軸通貨として、さまざまな貿易決済に用いられています。法治国家であり、いきなり言論の自由が封殺《ふうさつ》されるようなこともありません。

これだけの強みを持つ国は、世界を見渡してもほとんどありません。確かに人口の多さを武器にして、これまで中国が経済力をつけて台頭してきました。それでも政治的には共産党一党独裁であり、彼らが香港に対して行った行為からすれば、米国をはじめとする世界の自由主義陣営が、共産党一党独裁のもとに膨張している中国を、このまま看過するようなことはしないでしょう。

こうした要素を考えれば、米国経済の成長はまだしばらく続くと考えるのが妥当です。だからこそ私は、米国株式は長期投資をお勧めするのです。

確かに、短期の売買で大きな利益を得ている個人投資家もいます。でも、それはほんの一握りの人です。

なぜ短期売買は難しいのか。その理由は2つ考えられます。

第一に、短期売買で利益を積み上げるためには、売り時と買い時、つまりタイミングを計らなければならず、そのためにはテクニカル分析に頼ることになります。しかし確実に売買のタイミングを当てることのできるテクニカル分析はありません。再現性に欠けるのです。もし、テクニカル通りに売買して必ず儲かるなら、誰もが億万長者になれるはずです。

実際に自分自身で、テクニカル分析を使って短期売買を試してみてください。時には当たることがあっても、長く続ければ続けるほど、つまり取引回数が増えれば増えるほど、損失が大きくなるはずです。

第二に、投資家にありがちな心理状態の問題です。誰もが損はしたくありませんし、少しでも利益を得たいと考えます。すると、少しでも利益が出たところで、それを確定させたい心理が働きます。

ところが損はしたくないものだから、自分が買った株価よりも値下がりしてもなかなか損切りができなくなります。そして、「いつか戻るはずだ」という根拠のない期待感を抱いているうちに、損失がどんどん膨らんでいきます。

コツコツ利益を積み重ねたにもかかわらず、ドカンと大きな損失を被《こうむ》ってしまうことを何度も繰り返すと、利益を積み重ねるどころか、逆に損失が膨らんでしまうという望ましくない状況に陥ってしまいがちです。

もちろん、上手に損切りをすれば、短期売買でも利益を積み上げることができるようになるとは思います。それにはかなりの経験と勉強が必要です。その経験も、決して成功体験ではなく、失敗することから学んでいくものです。何度失敗してもめげないだけのメンタル面のタフさも求められます。

これに対して長期投資は、長期的な経済成長が見込める国の株式市場に投資して、そのまま放っておけば利益が積み上がるという投資法です。

銘柄選びに自信が持てない、あるいは面倒というのであれば、S&P500のような株価インデックスに連動するETFを購入しても、十分なリターンが期待できます。もちろん個別銘柄を選別して投資すれば、より高いリターンが実現する可能性が高まります。

自分のリスク許容度を知る

米国株式への長期投資はとても簡単で、かつ成功する可能性がもっとも高い投資法なのですが、ひとつだけ絶対に守っていただきたいルールがあります。それは自分自身のリスク許容度を知ることです。

米国株式が今後も上昇していくという蓋然性《がいぜんせい》を持つことができても、なぜか多くの人は途中で売ってしまいます。特に、株価が急落した直後の戻り相場で、その動きが顕著《けんちょ》になります。なぜなら恐怖心に駆られるからです。

では、なぜ恐怖心に駆られるのでしょうか。それは、自分が許容できるリスクに見合った投資をしていないからです。

株価が急落した時に、平常心でいられる人はほとんどいません。証券会社のアカウントを開いた時、自分の保有資産の評価額が100万円も減っていたら、おそらく冷静ではいられないでしょう。大概の人は、そのような損失額を見た瞬間、株式に投資したことを激しく後悔し、できるだけ早くこの損失地獄から抜け出したいと考えます。そのため、株価がどこかの局面で底を打ち、徐々に上昇していく局面で、損失額が自分でも納得のいくところまで減るか、もしくは収支トントンになった時に売ってしまうのです。

これでは長期投資になりません。

前にも説明したように、米国の株式市場は幾度となく大きな下げに見舞われています。大昔は1929年の大暴落。ここ数十年でも1987年のブラックマンデー、2000年のITバブル崩壊、2008年のリーマンショックと来て、2020年3月にはコロナショックで急落しました。

でも、よく考えてみてください。株価が急落した時には、それこそ「100年に1度の下落」とか、「米国の株式市場の終わり」といった見出しが新聞や雑誌を賑わせるものの、すべて急落した分を埋めたうえで、株価は史上最高値を更新し続けています。

では、どうすれば株価急落に直面しても平常心を維持し、投資した株式を保有し続けられるのでしょうか。

第一に米国経済、あるいは米国株式市場や米国企業の実力を、どこまで信じられるかです。これは繰り返し説明してきた通りです。私自身は米国経済がまだまだ成長すると思っていますし、米国企業も世界でもっとも強い経営体質を持っていると信じています。それらの前提がある限り、株価が急落してもいつかは必ず急落前の水準に戻し、さらに値上がりする可能性が高いと考えられます。

第二に、自分のリスク許容度を知ることです。リスク許容度とは、「どれだけの損失まで耐えることができるのか」ということです。

これは、人によって大きな差があります。それこそ10万円の損失で真っ青になる人もいれば、１００万円単位の損失が生じても平気な人もいます。

このような違いが生じる原因は、各人の性格や保有金融資産の額、年齢、家族構成など、さまざまな要素に規定されるといってもいいでしょう。

たとえば独身で若く、それでいて多額の保有金融資産を持っている人なら、かなりの程度までリスク資産への配分比率を高められそうです。独身なら子供の教育費をはじめとして、自分以外の家族とともに生活していくうえで必要なお金を稼ぐ義務感は薄いでしょう。また年齢的に若くて保有金融資産の額が大きければ、たとえ一時的に多額の損失を抱えたとしても、若い分だけ時間があるので、数年後に再び株価が上昇に転じるのを待つことができます。

一方、すでに年齢が50代で2人いる子供が大学に通っていて、住宅ローンの残債があり、保有金融資産の額が1000万円にも満たないという人は、かなりリスク許容度が小さいと思われます。

このように、自分の置かれた状況からリスク許容度を割り出す方法もあります。あるいは単純に自分はどのくらいの金額のお金を失ったら、夜も寝られないくらいに悔しい気持ちになるのかという点をじっくり考えてみても良いでしょう。

もし、一度に10万円を失ったら夜も寝られなくなると言うのであれば、それに見合った資金しか株式投資に回してはいけません。たとえばテスラ社の株価は、ひどい時だと1年間に40％くらい調整するケースがあります。

もし、10万円の損失で夜、寝られなくなるという人がテスラ社の株式に投資するとしたら、最大投資金額は25万円になります。でも、50万円まで損失が生じても大丈夫という人であれば、最大投資金額を125万円まで引き上げることができます。

また、S&P500の高値からの下落率を追うと、1987年のブラックマンデーや2000年のドットコムバブル崩壊、2008年のリーマンショック、2020年のコロナショックというように、高値から30~50%超下げる局面はあるものの、1979年12月31日から2023年12月21日までの期間で計算すると、平均の下落率は10%でした。そして、この間にS&P500がどのくらい上昇したのかというと、実に44倍です。時々、大きく下げる局面はあるものの、持ち続けることができれば、44倍という果実を受け取ることができたのです。

リスク許容度に合った金額で投資すれば、株価が急落したとしても、慌てて狼狽《ろうばい》売りせずに済み、結果的に長期投資につながるのです。

分散投資を心がける

資産運用の基本中の基本として、分散投資を心がけましょう。

分散投資という場合、２つの意味があります。ひとつは複数の資産クラスに分散する、あるいは同一の資産クラス内でも複数の銘柄に分散するという「資金分散」です。

そしてもうひとつが、買うタイミングを分散する「時間分散」です。

この２つの分散のうち、資金分散については次章で触れていきますので、本章では時間分散について説明したいと思います。

簡単に言えば積立投資が、時間分散の代表的な手法です。ちなみにＮＩＳＡで米国株式を買えば、成長投資枠の場合、１２００万円の非課税保有限度額に対して、１年間の投資限度額が２４０万円ですから、マックスで投資したとしても、５年間をかけて１２００万円の枠を満たすことになります。つまり否《いや》が応《おう》でも時間分散をせざるを得ません。

なぜ時間分散が必要なのかというと、どこが株価のピークなのか、ボトムなのかを正確に判断できないからです。ここが安値だと思って投資したら、さらに株価が下がってしまった、ということは普通に起こります。だからこそ、株式や投資信託を買う時には、手元にある１００万円を一括で投資するのではなく、たとえば20万円ずつ５回に分けて投資するべきなのです。

分散する回数は最低でも3回、できれば5回以上に分けたいところです。たとえば投資金額が100万円で、これを5回に分けて投資するとしたら、1回あたりの買付金額は20万円が上限になります。もちろん株価と為替レートが常に変動しているので、毎回必ず20万円ぴったりの金額で買えるわけではありません。でも、できるだけ上限額に近いところまで買い付けるようにしてください。

また、たとえば5回に分けて買うとしたら、それをどのくらいの期間でこなすかという問題もあります。もし100万円を5回に分けるなら、連続した5営業日で買い付けるくらいのイメージで良いと思います。

ちなみに米国株式の場合、日本株とは違って1株単位で売買できるので、結構細かい金額で時間分散投資ができます。特に、株価の値動きが激しい銘柄ほど、一度にまとまった金額で投資すると、高値を掴んでしまうケースもあるので、時間分散を心がけるようにしましょう。

第5章

ずっと持ち続けられる外国株＆ＥＴＦ22選

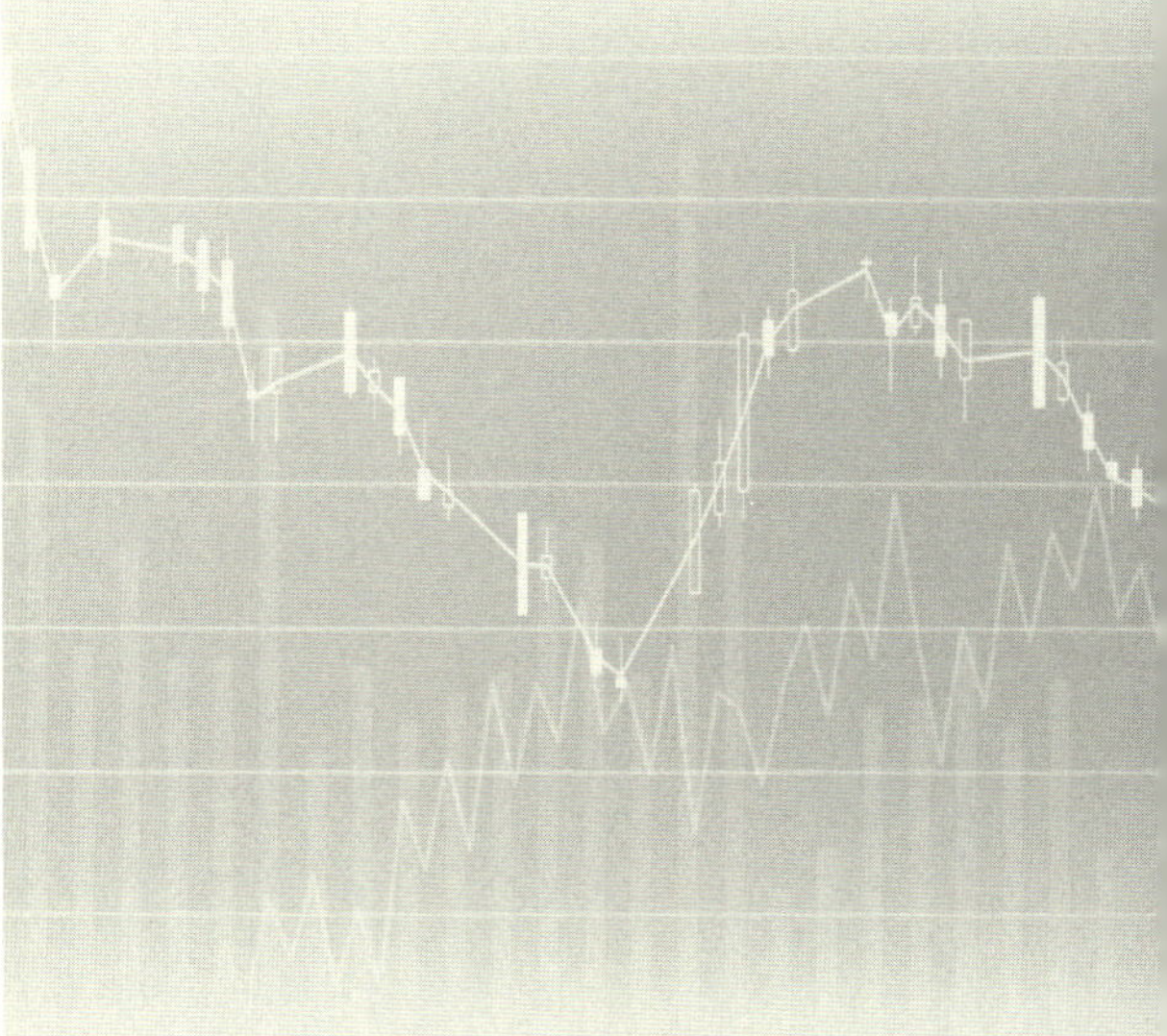

米国株&新興国株でポートフォリオを構築しよう

前述したように、これからの資産形成に必要なポートフォリオは、「SNE」、つまりS&P500、NASDAQ100、エマージングの3つを組み合わせれば十分です。

もちろん、流行の「オール・カントリー」が悪いと言っているのではありません。コア・サテライト戦略を行ううえで、世界中の株式市場に分散投資したのと同じ投資成果を得ることができるオール・カントリーは、コア・ポートフォリオに組み入れるにはベターな選択肢のひとつです。しかし、より高い成長をポートフォリオに求めるのであれば、SNEポートフォリオの考え方をお勧めします。

本章では、コア・ポートフォリオとサテライト・ポートフォリオに分けて、ずっと持ち続けられる銘柄を取り上げます。

これは米国株式に限ったことではなく、日本株でも同じなのです。株式投資で資産形成をするにあたっては、「ずっと持ち続ける」ことが、とても大事になってきます。「株式に投資してもなかなか増えない」、「いつも損ばかりしている」と嘆いている人が、どのような運用をしているのか話をうかがうと、結局のところ高値で買って安値で売っているケースがめちゃくちゃ多いのです。

もちろん、株式ですから株価は常に変動しています。買ったところが目先、高値であるケースも少なくありません。そして高値圏にある株価は、ほぼ必ずといっていいほど下がります。この時、多くの人は株価下落に耐えられず、売却してしまいます。結果、高値で買って、安値で売ることになってしまうのです。これを何度も繰り返していたら、資産形成どころか資産崩壊を招くことになります。

前述したように、米国経済はこれからも世界経済をリードする立場として、さらに成長していく蓋然《がいぜん》性が認められますし、持続的に成長できるだけのエコ・システムも持っています。そうした米国経済の強さを信じられるのであれば、たとえ高値をつかんで、株価が下がったとしても、そのまま持ち続ければ良いのです。ただひたすら持ち続ける。これこそが、米国株式を中心としたＳＮＥポートフォリオで資産形成をする際の、最適解だと思います。

ただ、ずっと持ち続けるためには、ひとつだけ注意しなければならない点があります。それは倒産しない、そして成長を持続できる可能性の高い企業の株式に投資することです。この章で取り上げる22銘柄は、その条件に合致していると思われる企業を選んでありま す。

そして、これらの銘柄に投資したら、すぐに株価が上昇しなくても、とにかく持ち続けることです。なぜなら、皆さんの投資したタイミングがベストであるとは限りませんし、むしろベストではないケースのほうが大半を占めるはずだからです。

したがって、投資する際には数回に分けて買うようにしてください。投資信託の積立のように、少額資金で毎月定額購入する必要はありませんので、複数回に分けて買い付けることをお勧めします。

コア・ポートフォリオはＥＴＦで

ＥＴＦはExchange Traded Fundの略称で、日本語にすると「取引所でトレードできる投資信託」です。ファンド自体が証券取引所に上場されており、株式と同じように取引所が開いている間、その時の市場価格で自由に売買できます。

とはいえ、本書は短期トレードをお勧めするものではないので、「その時の市場価格で自由に売買できます」というのは、安心感を得るお守り程度に考えてください。コア・ポートフォリオに組み入れるＥＴＦは、端《はな》から売買する必要はなく、保有し続けるくらいのスタンスで良いと思います。

ＥＴＦはエクスペンス・レシオといって、保有中に差し引かれる諸々の運用コストの総額が安いため、長期間保有したとしても、コスト負担によってリターンが大きく劣化することはありません。したがって、長期保有するコア・ポートフォリオの投資対象としては、非常に適しているのです。

ところでＥＴＦといっても、Ｓ&Ｐ５００やＮＡＳＤＡＱ１００といった、代表的な株価インデックスに連動するタイプだけでなく、テーマ別や業種別、企業規模別などさまざまなタイプのＥＴＦが揃えられています。

どのくらいの数があるのかというと、ニューヨーク証券取引所に上場されているＥＴＦは２０００本を超えています。

「２０００本もあったら、何を買えば良いのかわからない」という意見もありそうですが、そこはあまり心配には及びません。確かに、とてもニッチなタイプのＥＴＦも、米国にはたくさん上場されています。ここでの目的は、あくまでもコア・ポートフォリオとしてS&P500、NASDAQ100、そしてエマージングの3つを持つことにあります。これら3つの株価インデックスに連動するETFを1本ずつ、合計で3本持てば良いのです。何も悩む必要はありません。

では、実際にどのようなETFがあるのかを見ていきましょう。

S&P500

米国を代表する時価総額上位500社で構成される株価指数です。そのため時価総額の大きな株価の値動きが指数に影響を及ぼします。米国の株式市場時価総額全体の7割をカバーしています。基本的に構成銘柄の入れ替えは年4回、S&Pダウ・ジョーンズ指数委員会によって決められます。

S&P500に連動するETFは、次のようなものがあります。ちなみにカッコ内のアルファベット3文字で示されているのは、ティッカー・コードと呼ばれる銘柄コードです。

- SPDRポートフォリオS&P500ETF（SPLG）
- バンガード・S&P500ETF（VOO）
- iシェアーズ・コア　S&P500ETF（IVV）

たとえば「ＳＰＤＲポートフォリオＳ&Ｐ５００ＥＴＦ」だと、２０２４年9月末時点で、68ドル前後で投資できます。１ドル＝１５０円だとすると、１万２００円前後です。またエクスペンス・レシオは年０・02％ですから、極めて低いといってもいいでしょう。ちなみに、同ＥＴＦを運用するステート・ストリート社はＳ&Ｐ５００指数に連動するＥＴＦを１９９３年に初めて上場させたことで有名です。

NASDAQ100

金融セクター以外の時価総額トップ１００で構成されています。ＮＡＳＤＡＱ総合指数の時価総額のほぼ74％を占めており、インターネットセクターが28％、ソフトウェアが10％、コンピュータが14％、半導体が12％ということで、テクノロジーセクターが64％を占めています。

ちなみにＮＡＳＤＡＱ市場全体の値動きをトレースするのであれば、ＮＡＳＤＡＱ総合指数に連動するＥＴＦを買えば良いのです。しかし残念ながらＮＡＳＤＡＱ総合指数に連動するＥＴＦは、現時点では運用されていません。そのため、ＮＡＳＤＡＱ１００に連動するＥＴＦを代用します。

ＮＡＳＤＡＱ１００に連動するＥＴＦは次のものになります。

●インベスコQQQトラストシリーズ1（ＱＱＱ）

同ＥＴＦのエクスペンス・レシオは年０・２％ですから、Ｓ＆Ｐ５００のＥＴＦに比べると高めです。

ただ、テクノロジー銘柄のウエイトの高いＮＡＳＤＡＱ１００の値動きは、Ｓ＆Ｐ５００のそれに比べて大きい傾向があります。このため多少コストが割高であったとしても、大きく値上がりする局面においては、相対的にコストの負担率は低めになります。とはいえ、値動きが大きいのは、上昇局面だけでなく下落局面にも当てはまります。それだけリスクは高めであることには留意しておく必要があるでしょう。

MSCIエマージング・マーケット・インデックス

ＭＳＣＩエマージング・マーケット・インデックスは、ＭＳＣＩが発表している、新興国の株式市場を対象にした株価インデックスです。

構成国比率は、中国（37・54％）、台湾（14・56％）、韓国（13・41％）、インド（9・36％）、ブラジル（4・61％）、その他（20・53％）となっています。

同インデックスは現在、24カ国で構成されていますから、その他には19カ国の株式市場に分散投資されています。ちなみに組み入れられている株式は基本的に大型株と中型株になります。

このインデックスに連動するＥＴＦの代表的なものとしては、

●iシェアーズ　MSCIエマージング・マーケットETF（ＥＥＭ）

があります。エクスペンス・レシオは年０・70％ですが、新興国株の取引にかかる経費は先進国株より高いこともあり、前述したＮＡＳＤＡＱ１００に連動するＥＴＦに比べてもコストは高めに設定されています。ちなみに組入上位銘柄を挙げると、ＴＳＭＣ、テンセント、サムスン電子、アリババなど、新興国ではありますが、アジアを代表するテクノロジー企業が上位を占めています。なお、ｉシェアーズは世界最大級の運用会社であるブラックロック社のブランドです。

サテライト・ポートフォリオは個別株

おそらく、ここに関心のある投資家の方も多いと思います。

コア・ポートフォリオは前述したように、S&P500やNASDAQ100、そしてMSCIエマージング・マーケット・インデックスに連動するETFでポートフォリオを構築します。そして、必要以上にリスクを取りたくない方は、コア・ポートフォリオとして申し上げた3つのETFだけで運用しても良いでしょう。これだけでも十分、世界経済の成長率プラス・アルファのリターンは期待できると思います。

ただ、人は不思議なもので、このようなオーソドックスなポートフォリオで長年、運用し続けていると、少し色どりを加えたくなるようです。

実際、オール・カントリーのようなインデックスファンドだけで長年、運用し続けてきた方がマーケットの値動きに慣れてくると、徐々に個別銘柄を選択する運用も加えたくなるという話をよく耳にします。そういう方は、コア・ポートフォリオはそのままにして、サテライト・ポートフォリオとして個別銘柄や、いささか特色のあるETFを加えてみてはいかがでしょうか。

とはいえ、米国株式市場に上場されている個別銘柄は、2024年9月時点で4642銘柄もあります。そのなかから特定の銘柄を選ぶにしても、かなり迷ってしまうところだと思います。なので、「もしサテライト・ポートフォリオに加えるなら、このような銘柄がいいよ」というところで、私がセレクトした、ずっと保有し続けられる個別銘柄を、いくつかご紹介したいと思います。

ちなみに、個別銘柄については米国株式市場に上場されている銘柄ですが、なかには米国企業だけでなく、ＡＤＲを通じて投資できる新興国の企業も含めておきます。ＡＤＲとは、「American Depositary Receipt」の略で、米国預託証券と言います。

これは米国株式市場で米国外の企業の株式を取引できるようにするための証券で、預託機関が米国外企業の株式を保管して、その代わりに発行される有価証券のことです。日本企業でも、ソニーや京セラ、パナソニック、トヨタ、武田薬品工業などが、ＡＤＲを発行して、米国株式市場に上場されています。

こうしたＡＤＲも含めて、サテライト・ポートフォリオではどのような個別銘柄への投資が望ましいのか、候補を挙げてみます。

米国株式

ハイコ・コーポレーション（HEI）

2024年8月に、ウォーレン・バフェット氏が率いるバークシャー・ハサウェイが株主として名乗りを上げてきました。私自身も、2回ほど同社にお邪魔して、企業取材をさせてもらったことがあります。

とても興味深い会社です。ある意味、株主であるバークシャー・ハサウェイに似たビジネスモデルを持っています。

どういう点でバークシャー・ハサウェイに似ているのかは後述するとして、まずこの会社がどういう事業を行っているのかについて、ご説明しましょう。

同社は、航空機部品と電子機器のメーカーです。航空機部品はフライトサポートグループ（FSG）が、電子機器についてはエレクトロニックテクノロジーズグループ（ETG）が担《にな》っています。

まず航空機部品を取り扱うFSGについて説明しましょう。航空機に用いられている各種パーツは、当然のことながら経年劣化します。それらは交換の対象となるわけですが、航空機メーカーであるボーイングやエアバスからこの手の交換部品を購入するのに比べて、同社が供給する交換部品は、値段が安いという利点があります。

もちろん、値段が安いとはいえ、連邦航空局認定のもとに供給している交換部品ですから、クオリティの面でも問題はありません。ちなみに同社は、航空機の交換用部品では世界首位級の会社です。

ハイコ・コーポレーション(HEI)業績予想

決算	売上高	営業利益	税前利益	EPS	1株配当
19.10	2,055	457	437	2.39	0.14
20.10	1,787	376	364	2.29	0.16
21.10	1,865	392	387	2.21	0.17
22.10	2,208	496	491	2.55	0.18
23.10	2,968	625	555	2.91	0.20
24.10(予)	3,895	835	686	3.66	0.22
25.10(予)	4,238	938	828	4.30	0.24

(単位:百万ドル)

それと同時にＥＴＧでは、宇宙、防衛、医療、通信関連のアフターパーツを手掛けています。航空機の交換用部品は世界首位級ですが、特定業界への依存度を引き下げ、市場変動に対する経営リスクを抑えるため、ＥＴＧによって製品ポートフォリオの多様化を図っています。

特にＥＴＧを通じた製品ポートフォリオの多様化については、ニッチな分野で特定の技術力を持った企業を対象にしたＭ＆Ａによって実現しています。そして、ここがバークシャー・ハサウェイに似ている点ですが、Ｍ＆Ａによって取得した企業については、モチベーションを高めるため、買収先企業の発行済株式数の2割を現マネジメントに渡して、そのインセンティブを得た経営陣によって事業が行われています。実はバークシャー・ハサウェイは２０２４年8月にハイコ社の株式を１００万株取得したと発表したのです。

航空機ビジネス、特に旅客機に関連したものは、新型コロナウイルスの影響で非常に厳しい状況に追い込まれたわけで、コロナ禍が終息したことによって、これからは再び航空機需要が高まります。かつ古い機体が増えれば増えるほど、交換部品に対する需要も高まるという観点から、今後の成長が期待されます。

ちなみにハイコ・コーポレーションの売上高は、コロナ禍直前の２０１９年10月期が20億５５００万ドルだったのが、２０２０年10月期には17億８７００万ドルまで落ち込みましたが、アフターコロナである２０２３年10月期には29億６８００万ドルまで回復。２０２５年10月期の予想売上高は42億３８００万ドルが見込まれています。

米国株式
ボーイング（BA）

現在、民間航空機を製造している航空機メーカーは、ボーイングとエアバスの2社しかありません。

本書は米国株式投資を中心としているので、ここではボーイングを取り上げたいと思います。

ボーイングというと、おそらく多くの方はジェット旅客機をまっ先にイメージされるかと思います。しかし、実際にボーイングが手掛けているビジネスは幅広く、軍用機や人工衛星、宇宙船、そして防衛ミサイルまで及んでいます。文字通り、事業規模としては世界最大級の航空機メーカーです。

かつて米国にはマグダネル・ダグラスという航空機メーカーも存在していました。これを1997年に買収し、ボーイングの事業規模は一気に拡大しました。民間航空機はエアバス社と市場を二分していますし、貨物機では世界シェアの9割を押さえています。それに軍用機や電子防衛システムといったセキュリティ分野、人工衛星などの宇宙事業も展開しています。

このように事業領域が非常に広い点が同社の利点であるのと同時に、直近では米国や日本をはじめとして防衛予算枠を拡大している国が増えていることから、その需要もしっかり取り込んでいます。当然、これはボーイングにとって業績を向上させる要因になりま

ボーイング(BA)業績予想

決算	売上高	営業利益	税前利益	EPS	1株配当
19.12	84,818	-1,975	-2,259	-3.47	8.22
20.12	58,656	-12,767	-14,476	-23.25	—
21.12	62,286	-2,870	-5,033	-9.44	—
22.12	66,608	-3,519	-5,022	-11.06	—
23.12	77,794	-773	-2,005	-5.81	—
24.12(予)	69,843	-7,080	-1,418	-14.47	—
25.12(予)	86,857	3,613	3,985	1.00	0.02

(単位:百万ドル)

す。

ボーイングもコロナ禍においては、非常に厳しい経営環境下に置かれました。特に2020年12月決算の売上高は、前期の848億1800万ドルから約31%減の586億5600万ドルまで減収となり、純利益は118億7300万ドルの赤字に転落したのです。

またコロナ禍だけでなく、墜落事故の影響も業績面に響きました。2016年に初飛行となった737MAX8でしたが、2018年10月にインドネシアのライオン・エアが、2019年3月はエチオピアのエチオピア航空が、それぞれ自動操縦システムの不具合によって墜落事故を起こしてしまったのです。それによって一時的に運航停止となりました。

しかし、その後は徐々に業績は回復傾向をたどり、2023年12月期は売上高が777億9400万ドルまで回復。純利益はまだ赤字ですが、それでも赤字幅は22億2200万ドルまで減少しています。そして2025年12月期には売上高が868億5723万ドル、1株あたりの利益（EPS）は1ドルの黒字に転換する見通しです。
また中長期的に見ても、ボーイングの業績は着実に成長する可能性があります。というのも世界人口がこれから増加傾向をたどっていくからです。

国連人口部の人口推計によると、2050年に予測される世界人口は97億人です。人口が増加し、加えて新興国などの所得が増加すれば、今まで海外旅行に出かけられなかった人が、どんどん海外旅行に出かけるようになります。結果、旅客機に対する需要は、しばらくの間、増加傾向をたどるものと考えられます。あくまでも推計値ですが、2011年から2040年までの間に、世界で4万3000機もの航空機が必要と言われています。

もう1点、ボーイングは業績悪化によって、2020年12月期から配当を行っていないものの、2025年12月期から復配する予定です。ファンドによっては、配当の支払いを受けられない企業には投資できないというルールを設けているものもあります。もしボーイングが復配すれば、こうしたファンドの組入も期待できるようになります。業績的にも、そして株価的にもこれからの成長が期待できます。同社は2024年10月末時点で少なくとも100億ドルの新株発行を計画しています。発行が終われば株価の最悪期は通りすぎたと考えられます。

米国株式

コストコ・ホールセール（COST）

日本にも販売拠点があるので、ご存じの方も多いでしょう。倉庫型量販店を、米国中心に世界中で展開している小売業です。同業種の時価総額で見ると、アマゾン・ドット・コムに次ぐ第2位の規模を持っています。

同社の売上高は2023年8月期で2422億9000万ドルあり、純利益が62億9200万ドルです。扱っている商品は食品を中心にして、家具、生活家電、雑貨、お酒、おもちゃ、テレビ・デジタル機器、アウトドア用品など非常に幅広いのです。正直、取扱商品ひとつひとつの利益率は、それほど高くありません。そもそも大量仕入れによるスケールメリットを活用して、低価格で販売しているからです。ただ、大量に仕入れた商品の回転率を高めることによって、在庫をできるだけ持たないような工夫もしています。

また、「カークランドシグネチャー」というプライベートブランドを展開しています。ペーパー用品、水・飲料、スナック・ナッツ、チョコレート、ワイン、ペット用品、アパレル、靴、バッグ、ゴルフ用品に至るまで、これまた非常に幅広い商品ラインナップを持

コストコ（COST）業績予想

決算	売上高	営業利益	税前利益	EPS	1株配当
20.8	166,761	5,435	5,367	9.02	2.65
21.8	195,929	6,708	6,680	11.22	2.89
22.8	226,954	7,793	7,840	13.14	3.27
23.8	242,290	8,114	8,487	14.16	3.72
24.8	254,453	9,285	9,740	16.56	19.41
25.8（予）	273,229	10,347	10,671	17.88	4.70
26.8（予）	291,123	11,406	11,771	19.71	4.80

（単位：百万ドル）

っているのです。このプライベートブランドに関しては、他の商品に比べて利益率を高めに設定しており、高品質をうたっています。

他の商品は低価格路線で利益率が低くても、利益率が高めのカークランドシグネチャーも展開することによって、収益性を確保しているのです。

その他、米国ではガソリンスタンドを併設している店舗もたくさんあります。しかも、一般的なガソリンスタンドに比べて安い価格で提供しています。米国は車社会ですから、消費者は少しでも安いガソリンを求めてコストコに出かけ、そのついでにコストコで買い物をするというライフスタイルが確立されつつあります。

さらに具体的な商品だけでなく、各種サービスも提供しています。米国では会員向けに旅行サービスを扱っていますし、自動車保険などの金融サービスも提供しているのです。

そして、コストコに集まっているお客さんは、総じて高いロイヤリティを持っています。そのロイヤリティは、おそらく会員制度にあるのだと思います。

実はコストコの一番の稼ぎ頭は、コストコの会員になるためにお客さんが支払っている年会費なのです。コストコはメンバーシップの小売業なので、買い物をするためには、まず会員登録が必要になります。これは日本や米国以外の国々も同様です。ちなみに米国の場合、個人会員の会費が年間60ドルであり、ビジネス会員の場合だと年間120ドルです。しかも会員は1年ごとに更新なのですが、更新率は実に90%を上回ります。これがコストコにとって安定したキャッシュフローをもたらしているのです。

ちなみに、年会費の合計額は、2023年で45億ドルにもなります。ここでもう一度、前述したコストコの売上高と純利益を思い出してもらいたいのです。2023年8月期における純利益は62億9200万ドルです。このうち45億ドルがメンバーシップの年会費ですから、実にコストコの純利益の70%超が、年会費によってもたらされていることになります。

業績は今後も安定した成長が見込まれます。2025年8月期決算予想は売上高が2732億2900万ドルであり、EPSは17・88ドルが見込まれています。

新興国株式

グルポ・アエロポルタリオ・デル・スレステ（ASR）

メキシコを拠点とする空港運営会社です。先に少し説明したADRを用いて、米国の株式市場に証券を上場しています。

上場市場は米国ですが、メキシコの企業なので、新興国投資の一環として考えてください。したがって投資する際には、あくまでもサテライト・ポートフォリオに組み入れることが前提になります。

メキシコという国が投資先として魅力的かどうかです。実はこれが結構、魅力的です。まず、国の平均年齢が２０２３年時点で29歳です。ちなみに２０２２年のデータでは、日本人の平均年齢が48・６歳、ドイツが47・８歳、イタリアが44・５歳、ギリシャが44・５歳ですから、いかにメキシコには若い人たちが多いか、おわかりいただけるでしょう。なお、米国人の平均年齢は38・１歳ですから、先進国の一角ながら、米国もまだ結構、若い国であることがおわかりいただけるのではないでしょうか。

平均年齢が若い国は、経済成長率が高くなります。これは２０００年前後の中国を見ればわかるでしょう。当時、中国は2ケタの経済成長率を持続していました。

経済成長率が高ければ、やがて中間層が増えて、消費がどんどん加速していきます。こうしたなかで、当然のことながら、空港に対する需要も高まっていくでしょう。特に同社が拠点を置くメキシコの南東部は、カンクーン、コスメル、メリダといった主要観光都市があり、そこにある空港を運営しています。

グルポ・アエロポルタリオ・デル・スレステ(ASR)業績予想

決算	売上高	営業利益	税前利益	EPS	1株配当
19.12	873	440	398	0.95	0.52
20.12	591	153	133	0.31	0.38
21.12	926	426	400	0.98	0.40
22.12	1,259	731	700	1.66	0.75
23.12	1,457	860	825	1.92	1.13
24.12(予)	1,558	894	946	2.15	1.04
25.12(予)	1,838	994	991	2.30	1.27

(単位:百万ドル)

なかでもカンクーン国際空港はラテンアメリカでもっとも忙しい空港のひとつと言われています。その空港における独占的な立場を維持できている点は、同社の成長を裏付ける魅力のひとつといってもいいでしょう。

現在、同社はメキシコ国内で9つの空港を運営・管理しています。それに加えて、カリブ海にある米国の自治連邦区であるプエルトリコ、南米コロンビアにおいて6つの空港の運営・管理も行っており、それらを合計した空港の旅客数は、2023年の1年間で70

60万人です。ちなみに成田空港が約3381万人、関西空港が約2580万人ですから、規模自体が日本の空港に匹敵するところまで大きくなっていることがうかがえます。業績の伸びも著しいものがあります。コロナ禍の影響で、2020年12月期の売上高は5億9100万ドル、EPSは31セントまで落ち込みましたが、2021年12月期、2022年12月期はそれぞれ売上高が56%、35%の伸び率になり、2023年12月期は15・7%の伸び率に止まったものの、今後も長期にわたって旅行者数の伸びは期待されます。

米国株式 シンタス（CTAS）

NASDAQ市場に上場されている米国企業というと、おそらく大半の方がマグニフィセント・セブンに含まれるテック企業をイメージすると思います。

ちなみにテック企業におけるマグニフィセント・セブンとは、アルファベット、アップル、メタ・プラットフォームズ、アマゾン・ドット・コム、マイクロソフト、テスラ、エヌビディアを指しています。

こうしたテック企業に比べると、非常に地味な印象を受けるのがシンタスです。何が地味なのかというと、この会社の商材です。何しろ従業員用ユニホームや清掃用モップ、マットなどのレンタルや販売がメインの事業なのです。

柱になるのが、従業員用ユニホームのレンタルと、そのクリーニングサービスです。契約企業にユニホームをレンタルし、使用されたものを回収。それをクリーニングして再び提供するというサービスです。

それとともに、ユニホームの販売も行っています。販売先企業のワッペンなどを付けた、オリジナルユニホームの販売です。

また、施設管理サービスも提供しています。オフィスや工場など、企業が持っている施設の衛生管理をサポートするビジネスです。トイレの清掃、消毒、空気の清浄なども含まれています。

このように地味な企業ではあるのですが、株価はまったく地味ではありません。長期の株価で言うと、1983年10月の株価は1・13ドルだったのが、2024年9月3日には、何と801・93ドルです。この40年間で、株価は700倍超にもなっているのです(9月12日に株式分割があり、現在は207ドル)。確かにエヌビディアの株価も凄いものの、40年という長期間で700倍の株価には、凄みを覚えます。ちなみに同社は40年間、連続増配という記録もあり、まさに配当貴族銘柄の一角を成しています。

今後の成長余地については、極めて大きいと考えられます。現在、シンタスの顧客数は、北米で１００万超です。実は北米における顧客基盤は１６００万とも言われているので、現在の顧客数はその１割にも満たない水準です。

現状、顧客の７割は医療やホスピタリティ関連で、残り３割が製造関連や建設関連です。顧客層は徐々に多様化していて、景気変動に対して安定した業績が維持されています。

さらにＥＳＧ（環境・社会・ガバナンス）の観点からも、同社の注目度が高まっています。レンタル業自体がＥＳＧの面で社会に優しい企業をアピールできるので、さらにそこを強化しているのです。具体的には、使い古されたユニホームを廃棄処分にするのではなく、あらかじめリサイクルの効く素材でユニホームを製造する、あるいはユニホームのクリーニングを行う施設でエネルギー効率の高い機械を導入する、といったことが行われています。

シンタス(CTAS)業績予想

決算	売上高	営業利益	税前利益	EPS	1株配当
20.5	7,085	1,058	876	2.03	0.64
21.5	7,116	1,287	1,110	2.56	1.25
22.5	7,854	1,498	1,235	2.91	0.95
23.5	8,815	1,693	1,348	3.25	1.15
24.5	9,596	1,973	1,571	3.79	1.35
25.5(予)	10,289	2,194	1,739	4.24	1.51
26.5(予)	11,026	2,457	1,913	4.71	2.30

（単位：百万ドル）

業績も安定的に伸びています。2025年5月期の予想では、売上高が102億8900万ドルで、EPSは4・24ドルです。2022年5月期以降の売上高の成長率は10％超が続き、2025年5月期以降も7％台の成長率が見込まれています。

自己資本比率は47％と健全で、ROEは37・61％ですから、その高さは日本企業の比ではありません。財務健全性が高く、かつ地道ながらも、同社のビジネスに対するニーズが、今後も長期間にわたって高まる可能性が高いことを考えると、業績の長期的な成長性期待から、長期投資に最適な銘柄のひとつと考えられます。

米国株式 バルカン・マテリアルズ（VMC）

砕石や砂利など、建設用骨材の供給で米国最大です。「骨材」とは、コンクリートやアスファルト混合物をつくる際に用いられる材料のことで、砂利や砂がその代表的なものです。たとえばコンクリートをつくるためには、セメントと骨材である砂利、そして水を混合して固めます。

現在、この手の業界が注目される一番の理由は、社会インフラの老朽化が進んでいることです。これは日本も同じです。道路や橋、空港、上下水道などのインフラが老朽化すれば、それを修繕したり、交換したりする必要性が生じます。

２０２１年11月には、当時のバイデン大統領が総額約１兆２０００億ドル規模のインフラ投資法案に署名しました。それによると、２０２２年からの８年間で約５５００億ドルを費やし、高速道路や一般道路、橋、都市の公共交通、旅客鉄道を整備するとしています。

これは米国の国内インフラ投資としては、数十年来の規模とも言われています。老朽化する社会インフラを放置するわけにはいきませんから、この政策は、民主党であろうと、共和党であろうと、実行しなければなりません。したがって、これから中長期的に、政府支出によって米国内の建設資材需要が大きく押し上げられることになります。当然、建設用骨材の供給で米国最大のバルカン・マテリアルズは、かなり大きな恩恵を受けられるでしょう。

加えて米国は移民政策を取る国ですから、まだ当分の間は人口増加が続きます。いずれ人口減少に転じるにしても、直近の報道では２０８０年以降の話ですから、少なくとも現在、資産運用の必要性を実感している人たちにとっては、あまり関係のないこととも言えそうです。人口が増え続ける国では、住宅や商業施設、道路や橋などの公共インフラに対する需要も増えていくので、建設資材に対する需要が落ち込むこともないと考えられます。

またESGに対して高い意識を持っています。コンクリートはその製造工程において大量の二酸化炭素を排出するため、製造工程でのエネルギー効率を向上させるための工夫を行い、環境への影響を最小限に抑えるための努力を行っています。

バルカン・マテリアルズ（VMC）業績予想

決算	売上高	営業利益	税前利益	EPS	1株配当
19.12	4,929	877	757	4.70	1.24
20.12	4,856	895	743	4.68	1.36
21.12	5,552	1,010	873	5.04	1.48
22.12	7,315	951	788	5.11	1.6
23.12	7,781	1,427	1,245	7.00	1.72
24.12(予)	7,438	1,439	1,273	7.39	1.77
25.12(予)	8,123	1,699	1,555	9.06	1.84

（単位：百万ドル）

その他、全米に採石場や製造施設を持つことによって、地域経済の景気変動リスクを分散させたり、採掘設備の自動化やAIを使った在庫管理などによる製造プロセスの効率化、生産性向上をはかったりなど、競争力の向上にも余念がありません。

株主還元にも積極的で、1株配当（EPS）は2019年12月期が1・24ドルだったのが、2025年12月期には1・84ドルまで増配される予定です。

米国株式
テスラ（TSLA）

この会社名を挙げて、「知らない」という方は、ほとんどいらっしゃらないでしょう。ご存じのように、ＥＶ（電気自動車）のリーダー的な存在です。しかも、それにとどまらず、ＣＥＯであるイーロン・マスク氏のビジョンのもと、ＡＩや自動運転、ロボット、エネルギーソリューションなど、さまざまなビジネスを展開しています。

現在、ＥＶで量産体制を敷いているのは「モデル３」で、これが主軸。その他、ＳＵＶである「モデルＹ」、「サイバートラック」などを製造しています。

またＥＶというと目下、一番心配されるのが充電施設です。これについては北米、欧州、アジア太平洋地域における主要ルートをつなぐ「スーパーチャージャー」を戦略的に展開しており、全世界合計で5万９０００基以上が稼働しています。

ちなみにスーパーチャージャーは日本国内でも展開されており、２０１４年に初めて六本木に設置されてから10年が経ち、現在では１２０カ所、５９８基が稼働しています。ＥＶ車の普及については、充電場所の不足を問題視する意見があります。ただスーパーチャージャーの設置は今後も積極的に行われ、これによってＥＶの長距離移動にともなう心配事が解消されていくでしょう。

加えて２０１９年からは、「パワーウォール」と命名した蓄電池システムの普及も行っています。これは家庭用蓄電池で、太陽光発電システムと組み合わせることにより、再生可能エネルギーの有効利用が可能になります。

特にテスラのようなＥＶ車を使っている家庭においては、日中にソーラーシステムでつくった電気をパワーウォールに蓄電させておけば、走行後、パワーウォールにつないで、減った電力を充電できます。

しかも、太陽光発電でつくった電気を充電するだけですから、パワーウォールにつないで充電した分については、電気代もかかりません。もちろん、太陽光発電とパワーウォールのシステム導入には一定のコストがかかるものの、長期間にわたって使用し続ければ、大きな経済メリットを享受できるでしょう。

もうひとつ、テスラの将来性を見る際に知っておかなければならないのは、この会社は単なるＥＶ車メーカーではなく、ＡＩ企業であることです。また他社にないテスラの強みは、６００万台を超えるテスラ車の運転データを保有していることです。それを世界最大級のスーパーコンピュータを使ってデータを分析、運転手のいらない自動運転車の完成を目指しています。

現在、テスラはＦＳＤ（フル・セルフ・ドライビング）という機能をハード、ソフトの両面において進化させようとしています。その目指すところは、完全な自動運転です。また完全自動運転を可能にするためには、膨大な量のデータ蓄積が必要なので、これも同社が持つスーパーコンピュータを駆使して可能にしています。

なお、テスラは２０２４年10月にロボタクシーを発表しました。こうした試みにより、完全自動運転車による低価格のタクシー事業も現実味を帯びてきています。

テスラ（TSLA）業績予想

決算	売上高	営業利益	税前利益	EPS	1株配当
19.12	24,578	-69	-665	0.01	—
20.12	31,536	1,994	1,154	0.75	—
21.12	53,823	6,523	6,343	2.26	—
22.12	81,462	13,632	13,719	4.07	—
23.12	96,773	8,891	9,973	3.12	—
24.12(予)	99,273	7,352	8,232	2.39	—
25.12(予)	115,649	13,931	12,152	3.21	—

（単位：百万ドル）

現在、テスラの製造拠点は「ギガファクトリー」の名称で米中欧に展開しています。米国のフリーモント、ネバダ、テキサス、中国は上海、欧州はベルリン、南米はメキシコです。イーロン・マスク氏は今後数年間で、さらに10～12のギガファクトリーを建設したいと話しています。これにより年間２０００万台のＥＶを生産するのが、テスラの目標です。

加えて、これらのギガファクトリーにおいては、人手不足をカバーするため、「オプティマス」という人型汎用ロボットが、人間の代わりに働くことも考えられています。

人型汎用ロボットであるオプティマスが、世界中のギガファクトリーで働き、FSDの機能を持った完全自動運転のEV車を生産する。さらに言えば、こうした工場は化石燃料を用いた電気ではなく、再生可能エネルギーでつくられた電気を中心にして稼働します。そんな光景が浮かんできます。

果たして、ここまで進化したEVメーカーであるテスラに、少なくともEVの領域で勝てる企業は、他にあるのでしょうか。私にはテスラが、極めて深いモート（堀）を築いているように見えます。

米国株式

アップル（AAPL）

アップルも日本人で知らない人はいない企業のひとつです。もともとはパーソナル・コンピュータであるマッキントッシュを主力製品として登場したメーカーです。今やパソコンメーカーというよりも、各種情報端末&エンターテインメント・コンテンツによって一大エコ・システムを構築した企業、というイメージが強いのではないでしょうか。

ここがアップルの強みで、たとえばスマートフォンであるｉＰｈｏｎｅを入手すると、多くの人が「もう少し大きな画面で使いたい」となってｉＰａｄを購入し、その機能をウエアラブルな環境でも、ということでスマートウォッチであるＡｐｐｌｅ Ｗａｔｃｈが欲しくなり、さらに原点回帰ということでマッキントッシュを購入する。

そして、各種データはｉＣｌｏｕｄに吸い上げられて管理・保守され、音楽をアップル・ミュージックで聴き、映画などの動画コンテンツをアップルＴＶで観る。そんなライフスタイルが一般化してきました。

このようなエコ・システムが構築されたことによって、一度、アップル製品を購入すると、そのエコ・システムから抜けるのが非常に難しくなります。こうして独自の情報端末は、世界で20億台も普及するまでになりました。

このエコ・システム構築は、アップルに莫大な売上高と利益をもたらしています。ＡＩの分野ではやや遅れたアップルですが、先日発売された「ｉＰｈｏｎｅ16」には、いよいよ生成ＡＩの「Apple Intelligence」が実装されました。これによるアップグレードサイクルが、少なくとも2026年まで続くと見られています。アップグレードサイクルとは、これまで使っていたiPhoneを新製品に乗り換えることで販売台数が増えるサイクルのことです。iPhone16の登場によって、2026年くらいまでは、その販売台数が増える見込みです。

また、iPhoneに実装されている技術力も、どんどん進化しています。たとえば「Apple Intelligence」は、スマートフォンというデバイス上（オンデバイス）で稼働する生成AIなので、ユーザーのプライバシーが保たれると言われています。多くの一般向けAIは、クラウドに保存されている膨大なデータを利用するので、個人データをAIサーバにアップロードするのは、プライバシーの観点からも問題ありと言われているのです。しかしオンデバイスAIは、前述したようにデバイス上でAIを使ったさまざまな処理が行われるため、AIサーバに接続されることなく、したがってセキュリティも安全と言われています。

さらにこれからは、iPhoneの形自体も大きく変わっていくでしょう。厚みがさらに薄くなるのは規定路線で、フリップ型といって、折り曲げることができるiPhoneが登場する可能性もあります。

そして何よりも、アップルやｉＰｈｏｎｅが持っている圧倒的なブランド力は、同社の最大の武器と言えるでしょう。
私自身、新興国を取材している時、現地の人たちから、「ｉＰｈｏｎｅが欲しい」という声をたくさん聞きます。でも、新品はどうしても値段が高いので、中古品を買うのだそうです。そして中古のｉＰｈｏｎｅを使うわけです。これがまさにアップルのエコ・システムの強みです。

アップル（AAPL）業績予想

決算	売上高	営業利益	税前利益	EPS	1株配当
19.9	260,174	63,930	65,737	2.97	0.75
20.9	274,515	66,288	67,091	3.28	0.795
21.9	365,817	108,949	109,207	5.61	0.85
22.9	394,328	119,437	119,103	6.11	0.9
23.9	383,285	114,301	113,736	6.13	0.94
24.9(予)	390,220	122,577	122,694	6.20	0.99
25.9(予)	420,914	133,516	133,092	7.43	1.04

（単位：百万ドル）

たとえｉＰｈｏｎｅの中古品が新興国でたくさん流通したとしても、アップルの売上には何も貢献しません。しかし、そのｉＰｈｏｎｅを使ってアップル・ミュージックで音楽を聴くとか、ゲームアプリを使ったりするため、そのサブスクリプションフィーが、アップルに莫大な売上と利益がもたらすのです。
アップルというと、ｉＰｈｏｎｅやｉＰａｄといったハード製品がまっ先にイメージされます。実は音楽や映像コンテンツなどのサブスクリプションサービスがもたらす利益こそ、高い利益率によって、さらなる成長要因になっているのです。

米国株式
サービスナウ(NOW)

DXの中核になるサービスを提供している会社です。ナウ・プラットフォームという企業向け業務管理サービスがそれで、企業が業務を推進するうえで必要とされるワークフローを管理して自動化しています。

たとえば転職などで新しい会社に入ったとしましょう。すると、まず人事部で仕事に必要な各種システムの登録を行い、オフィス内の自分のデスクを確認した後、自分用のパソコンが貸与され、そのパソコンに必要なソフトをインストールしたらアクセス権を付与してもらいます。

パソコンだけでなく、会社用のスマートフォンが貸与されたら、同じような作業を繰り返す必要があります。

これをすべてマニュアルで行おうとすると、膨大な手間が発生します。それは会社に入った人にも、そして人事部など会社側にとっても同じことです。

そのようなことをマニュアルで行っていたら、業務効率がどんどん下がってしまいます。そこでナウ・プラットフォームを導入すれば、新入社員の上司が必要なボタンを押すだけで、あっと言う間に新入社員の情報が部署を超えて共有されるのと同時に、前述したような、さまざまな手続きも完了してしてしまいます。

当然、企業の規模が大きくなればなるほど、この手の手続きは煩雑化していきますから、ナウ・プラットフォームを利用して業務効率化を図っている企業は、大企業が中心になります。

現在、フォーチュン５００の８割が顧客と言われており、セクターとしては金融、医療、製造業、石油、テクノロジー、教育、消費者製品メーカーの他、米国連邦政府や連邦裁判所、米国空軍、米国陸軍などの公的機関も同社のサービスを活用しています。これら利用者が支払う利用料金が主な収入源です。

業績は堅調に伸びており、売上高は２０２１年12月期が前年比30％の伸び率、２０２３年12月期は前年比20％の伸

サービスナウ（NOW）業績予想

決算	売上高	営業利益	税前利益	EPS	1株配当
19.12	3,460	42	67	3.32	—
20.12	4,519	152	149	4.63	—
21.12	5,896	254	249	5.92	—
22.12	7,245	355	399	7.59	—
23.12	8,971	762	1,008	10.78	—
24.12(予)	10,916	1,300	1,613	13.91	—
25.12(予)	13,183	1,792	2,058	16.65	—

（単位：百万ドル）

び率を続けています。

新興国株式
ジュミア・テクノロジーズ（ＪＭＩＡ）

「アフリカ版アマゾン」という呼び名で知られている、アフリカのｅコマース会社です。アフリカで最大のｅコマースプラットフォームといってもいいでしょう。

創業当初からドイツのロケットインターネット社が大株主だったことから、ドイツ拠点の会社と説明されているケースもあります。しかし、すでに同社は持株を全部売却しているため、純粋なアフリカ企業といってもいいでしょう。そのＡＤＲが現在、ニューヨーク証券取引所に上場されており、自由に売買できます。

２０１９年４月のＡＤＲ上場以来、その株価は乱高下を繰り返しています。18ドルで上場された後、２０２０年３月には２・15ドルまで下落。２０２１年２月には69・89ドルまで上昇したものの、２０２３年９月には２・２２５０ドルまで急落。２０２４年９月13日は４・77ドルで取引を終えています。

このように株価が乱高下しているのは、市場の期待が高い一方で、魅力とリスクが共存するアフリカ市場の不確実性や財務状況の不安定さ、投機的な投資家の影響など多くの要因が絡みあっているからです。これはネットショッピングが普及していなかった１９９７年当時、上場したばかりのアマゾン株の値動きが乱高下していた状況に似ています。

とはいえ、将来の成長余地はかなり大きいと考えられます。

ジュミア・テクノロジーズ（JMIA）業績予想

決算	売上高	営業利益	税前利益	EPS	1株配当
20.12	159	-170	-180	-2.21	—
21.12	167	-221	-207	-2.27	—
22.12	203	-201	-206	-2.36	—
23.12	186	-73	-98	-1.04	—
24.12(予)	175	—	—	—	—
25.12(予)	258	—	—	—	—

（単位：百万ドル）

同社のｅコマースプラットフォームは、すでに成長余地が限られている米国や日本に比べて、まだまだ伸びしろは大きいと言えるでしょう。何しろアフリカ大陸は地球上に残された最後のフロンティアと言われていて、そこには13億人もの人口が日々の生活を送っています。

２０２４年現在、同社がサービスを展開しているアフリカの国は11カ国です。これらの国々で、ファッションや家電製品、各種家庭用品、食品、美容製品などを、ｅコマースで購入できます。

また、消費者が購入した製品を素早く配送できるようにするため、自前の物流サービスである「ジュミア・ロジスティックス」も運営しています。この会社を通じて、倉庫の管理や配送センターが運営されています。

また、銀行などが発展していないアフリカにおいては、電子決済が主流になっています。ジュミアもご多聞に漏れず、購入した製品の代金を迅速にオンライン決済できるようにするため、「ジュミアペイ」というオンライン決済サービスも展開しています。私自身、ウガンダのカンパラという都市でジュミア・テクノロジーズの社長に面談する機会を得ましたが、その時、印象的だったのは、注文した翌日には品物が届くように、ロジスティックスをしっかり構築していることでした。

長期的に考えても、アフリカにおけるｅコマースは期待が持てる業種です。アフリカではインターネットの普及が急速に進んでいて、全人口の約40％を占める人たちが、インターネットを普段使いしていると言われています。かつ、人口の約60％が25歳未満という若い世代であり、まさにデジタル・ネイティブです。当然、彼らがショッピングをするとなると、ｅコマースは極めて親和性が強いと言えるでしょう。

こうした点からも、アフリカにおけるｅコマースの将来性は期待でき、それがジュミア・テクノロジーズの成長を支えると考えられます。ただし、アフリカという変化に時間のかかる大陸での事業ですから、非常に長い視点での投資を行う必要があります。また株価のボラティリティ（変化幅）が高いことも十分理解したうえで投資してください。

米国株式
イートン（ETN）

１９１１年に創業された産業機器の会社です。１００カ国以上で展開されています。セグメントは「アメリカ電気セグメント」、「グローバル電気セグメント」、「航空宇宙セグメント」、「車両セグメント」、「ｅモビリティセグメント」に分かれています。

アメリカ電気セグメントとグローバル電気セグメントでは、電機部品や産業部品、配電やアセンブリなどを扱っており、航空宇宙セグメントでは、商業用や軍事用の航空宇宙燃料、油圧や空気圧のシステムなどを扱っています。また車両セグメントにおいては、ドライブトレーンやパワートレーン、ｅモビリティセグメントでは、電子部品の設計や製造、販売、供給なども行っています。

このように幅広い製品・サービスを提供している会社ですが、これからの注目株はエネルギー管理事業です。

イートン(ETN)業績予想

決算	売上高	営業利益	税前利益	EPS	1株配当
19.12	21,390	2,827	2,591	5.76	2.84
20.12	17,858	1,895	1,746	4.24	2.92
21.12	19,628	3,040	2,896	6.62	3.04
22.12	20,752	3,055	2,911	7.57	3.24
23.12	23,196	3,978	3,827	9.12	3.44
24.12(予)	25,119	4,765	4,703	10.74	3.74
25.12(予)	27,044	5,396	5,316	11.97	4.00

(単位:百万ドル)

米国では生成AIの誕生によって、各種AIサービスをクラウドによって提供しており、それに必要なデータセンターが大量に建設されています。このデータセンターではGPUを大量に使うわけで、問題はこのGPUの消費電力が極めて大きいことです。GPUを大量に使用するデータセンターが世界各地にできると、電力不足によって供給電力が不安定になる恐れが生じてきます。

電力供給が不安定になり、データセンターの稼働が不安定になると、最悪、データが飛んでしまう恐れも生じてきてしまいます。そこで電力の使用状況に応じて、必要とされる電力を管理するシステムが必要になってきます。これをイートンが提供しているのです。

データセンターだけではありません。今後はEVの普及や一般家庭でも電力の使用量は増えていくでしょうし、米国では工場のリショアリングによって、これまで中国など海外で展開していた製造業の工場を、米国に引き戻す動きが広がってきています。米国内の工場数が増えれば、そこで使用される電力がさらに増えていきます。

こうした事象への対応に加え、イートンでは太陽光発電や風力発電など複数の異なる再生可能エネルギーを統合させる技術も持っています。

業績は２０２１年12月期の売上高１９６億２８００万ドルから、２０２３年12月期には２３１億９６００万ドルまで回復。それにともなってＥＰＳも、２０２０年12月期の４・24ドルから、２０２３年12月期には９・12ドルまで増益基調で推移しています。自社株買いや増配にも積極的な会社です。

新興国株式
ＨＤＦＣ銀行（ＨＤＢ）

インド最大の民間銀行です。１９９５年から営業を開始し、リテール金融を収益の柱としています。

インド国内の支店数は７８２１店舗。１年間で１４７９店舗をオープンしています。日本ではメガバンクをはじめとして多くの銀行が支店を閉じているのに対して、インドではまったく逆のことが起こっています。日本など先進国における銀行業は成熟産業であって

HDFC銀行(HDB)業績予想

決算	売上高	税前利益	EPS	1株配当
20.3	11,983	5.389	0.7	0.07
21.3	13,019	5.766	0.78	0.09
22.3	14,645	6,828	0.92	0
23.3	14,645	7,659	1.03	0.24
24.3	30,678	9,252	1.09	0.24
25.3(予)	―	9,952	1.12	0.25
26.3(予)	―	11,589	1.31	0.29

(単位:百万ドル)

も、インドのような新興国では成長産業なのです。

時価総額は米国上場の同業種内で7位です。すでに日本の三菱UFJ銀行を超えています。顧客数も三菱UFJ銀行の3400万人に対して、HDFC銀行のそれは8500万人です。預金残高は三菱UFJ銀行の1兆8620億ドルに対して、HDFC銀行は2450億ドルなので、ほぼ8分の1。ローン残高は三菱UFJ銀行の9270億ドルに対して、HDFC銀行は2660億ドルです。

預金残高やローン残高では、まだまだ三菱UFJ銀行よりも少ない状況ではあります。しかし支店数がどんどん増えていることに加え、インド全国に広範な支店網とATMネットワークを構築していることから、潜在的な成長力は相当に高いものと考えられます。

新興国では銀行が成長産業であると言いました。それを裏付けるのが過去の営業収益の伸びです。2021年3月期は前年比で19・5%の伸びで、2022年3月期が約10%、2023年3月期は17・09%の伸び率となりました。銀行セクターで営業収益が2ケタの伸び率を示すのは、まさに銀行が成長産業であることの証といってもいいでしょう。

また、営業収益に対する純利益の割合もかなり高めです。２０２３年3月期のそれは43・８％、２０２４年3月期は、母体の住宅金融開発会社と合併したため営業収益の伸び率に対して純利益の伸び率が追い付いていないものの、それでも33・58％となっています。

このように高い収益性を維持できているのは、利ざやが他行に比べて高いことに加え、厳格なリスク管理によって不良債権の発生率をできるだけ低く抑えているからと考えられます。

さらに技術革新にも積極的に取り組んでおり、デジタルバンキング、モバイルバンキングにも参入して、顧客の利便性向上に努めています。何よりもこの手のデジタル戦略は、全体の人口年齢が若いインドにとって若い顧客を取り込むうえで有利に働きます。安定した配当の支払や自社株買いの取り組みなども、今後の株価の成長期待を高めています。

米国株式

アルファベット(GOOGL)

誰もがご存じのインターネット検索エンジン「グーグル」を運営している会社です。現在は検索エンジンのみならず、ＡＩ、クラウド、自動運転に至るまで、広範な事業を展開しています。

グーグルは、検索エンジン使用率でスマホが95・2％、パソコンが80・4％（２０２４年6月時点）を占めて、いずれにおいても文句なしの世界トップです。この圧倒的な使用率を背景にして、広告掲載で多額の収益を稼いでいます。広告のターゲティング能力が他の追随を許さない領域にあり、かつデジタル広告市場が急成長しているため、グーグルに掲載される広告だけでなく、買収先企業であるユーチューブを活用した動画広告も好調で、高い相乗効果をもたらしています。すでにユーチューブは動画広告プラットフォームとしての地位を確立しており、アルファベットの広告収入において重要な柱になってきました。この広告収入が、アルファベットの潤沢な財務基盤を支えています。

そして、今後の成長ドライバーとして注目されているのが、グーグルクラウドというクラウドコンピューティングサービスです。ライバルはアマゾンのＡＷＳや、マイクロソフトのアジュールであり、それらとの競争を展開しつつ、実はニッチなマーケットで優位性を維持しています。

それは、クラウドに上げたさまざまなデータを、グーグルのＡＩプラットフォームに転送して、企業が大量のデータを処理し、ビジネスに必要な知見を得るために活用されていることです。

また、アルファベットのAI研究部門であるディープマインドでは現在、言語処理や画像認識、自動運転技術の分野で革新的研究を行っています。まさにこの部門がアルファベットのR&D（研究開発）を支えているわけで、ここで開発されているAGI（汎用人工知能）は、実際にヘルスケアや科学、工学などの分野で、現実社会における課題解決にも活かされています。AIの研究といえばChatGPTを提供しているオープンAIのような競合企業も存在しているものの、アルファベットのディープマインドは営利を目的にしています。

アルファベットのイノベーションを支える部門は、もうひとつあります。「アザーベッツ」がそれです。ベッツとは「Bets」、つまり「賭け」を意味しています。現時点ではまだ収益化できないけれども、将来、実用化すれば莫大な収益をもたらすであろうと考えられるテクノロジー

アルファベット（GOOGL）業績予想

決算	売上高	営業利益	税前利益	EPS	1株配当
19.12	161,857	34,231	39,625	2.33	—
20.12	182,527	41,224	48,082	2.72	—
21.12	257,637	78,714	90,734	5.61	—
22.12	282,836	74,842	71,328	4.56	—
23.12	307,394	84,293	85,717	5.80	—
24.12(予)	347,371	108,355	112,819	7.65	0.622
25.12(予)	386,291	123,623	127,246	8.75	0.814

（単位：百万ドル）

の研究が、この部門を通じて行われているのです。自動運転開発会社のウェイモや、生命科学会社であるベリリなどは、いずれもアザーベッツからスピンアウトした企業です。

このように、「現時点ではまだ収益化できないけれども、将来、実用化すれば莫大な収益につながる」研究開発を行えるのは、アルファベットが潤沢な広告収入によって、豊かなキャッシュフローを持っているからです。2024年6月には初の配当が行われ、あわせて700億ドルの自社株買いを実施することも発表されています。

新興国株式

メルカド・リブレ（MELI）

ラテンアメリカ最大のeコマース会社で、まさに「ラテンアメリカのアマゾン」というべき存在です。ブラジルを軸にして、アルゼンチンやメキシコなど中南米18カ国でビジネスを展開しています。

もともとラテンアメリカは、インターネットの普及が世界的にもやや遅れている地域ではありました。それでもグローバルな経済のデジタル化が加速してきたことによって、徐々にインターネット普及率が上昇してきています。

そのため、ここからの成長が十分に期待できる会社でもあります。これはやや古いデータになりますが、２０２３年４月のｅコマースサイトへの月間訪問者数は、メルカド・リブレが約４億５０００万人であるのに対し、アマゾンは２億４０００万人でした。

事業構成を見ると、全体の約57％がｅコマースで、残りがフィンテックです。電子決済システムである「メルカド・パゴ」や、クレジットカード発行などの信販事業を行っている「メルカド・クレディト」などがそれです。ラテンアメリカではまだ銀行口座を持てない個人がかなりの割合を占めています。そういう人たちにとってメルカド・パゴのような電子決済システムは非常に重要なインフラになっています。

メルカド・リブレ（MELI）業績予想

決算	売上高	営業利益	税前利益	EPS	1株配当
19.12	2,296	-153	-107	-3.71	—
20.12	3,973	127	81	-0.08	—
21.12	7,069	391	240	1.67	—
22.12	10,537	985	780	9.53	—
23.12	14,473	1,774	1,553	19.46	—
24.12(予)	20,383	2,781	2,618	37.13	—
25.12(予)	25,361	3,789	3,662	49.97	—

（単位：百万ドル）

さらにロジスティックスにも力を入れており、配送・物流サービスを手掛ける「メルカド・エンビオス」も展開し、配送の速度を上げる努力も行っています。

現在、ラテンアメリカにおけるスマートフォンの利用率や、デジタル決済の普及率は、当然のことながら米国に比べると遅れており、eコマースの普及も始まったばかりです。それだけに、アップサイドは非常に大きいと考えられます。

特にラテンアメリカ地域は、これから経済成長が期待されます。経済成長にともなって中間所得層が拡大すれば、これまでは買えなかったものや、使えなかったものが買えるようになるし、使えるようになります。経済全体の底上げが進めば、メルカド・リブレのようなeコマース企業の成長期待も膨らみます。

ただ、新興国ですから当然、先進国にはないリスクがあるのも事実です。実際に投資する際には、その点も留意しておく必要があるでしょう。ラテンアメリカにおける投資リスクは、やはりインフレの問題が挙げられます。経済的には不安定だし、通貨に対する不安感も相対的に高く、それらが投資リスクになる恐れはあります。

米国株式

アマゾン・ドット・コム(AMZN)

世界最大のeコマース企業です。事業のコアはオンラインショッピングのプラットフォーマーです。世界中にオンラインショッピングの利便性を提供しつつ、クラウドコンピューティングやＡＩを活用した多角的なビジネスを展開しています。

オンラインショッピングの利便性については、ここで紙面を割く必要もないでしょう。品揃え、数、スムーズな購買体験、迅速な配送サービスなど、あらゆる面で他のオンラインショッピング運営会社を寄せ付けない、圧倒的なシェアを握っています。

とはいえ、２０２３年における米国小売業全体に占めるオンラインショッピングの占める割合は13％に過ぎません。これが２０３０年にかけて30％まで上昇するという見通しがあり、したがってアマゾン・ドット・コムの売上は、自然体でも当面、上昇傾向をたどるものと考えられます。

アマゾン・ドット・コムの事業構成は、オンラインショッピングが40％、サードパーティ・セラー・サービスが24％を占めています。サードパーティ・セラー・サービスとは、アマゾン・ドット・コムが持つオンラインショッピングのプラットフォームを、オンラインショッピングで商品を販売したいと考えている企業や個人に使ってもらうサービスのことです。それによってアマゾン・ドット・コムはプラットフォームの利用料金を受け取ります。これによってアマゾン・ドット・コム自体は、在庫をいっさい抱えることなく、自社が構築したプラットフォームを効率的に運営できます。

アマゾン・ドット・コム(AMZN)業績予想

決算	売上高	営業利益	税前利益	EPS	1株配当
19.12	280,522	14,541	13,976	1.15	—
20.12	386,064	22,899	24,178	2.09	—
21.12	469,822	24,879	38,151	3.24	—
22.12	513,983	12,248	-5,936	-0.27	—
23.12	574,785	36,852	37,557	2.9	—
24.12(予)	635,543	62,027	61,361	4.67	—
25.12(予)	704,294	77,475	78,523	6.03	—

(単位:百万ドル)

次に大きな売上を持つのがAWSで、16%を占めています。AWSとはアマゾン・ウェブ・サービスの頭文字を取ったもので、要はクラウドコンピューティングサービスのことです。売上高比率はオンラインショッピングなどに比べて低いものの、非常に収益性の高いビジネスモデルであり、ここで上げた収益をオンラインショッピングなどへの投資に回すことによって、成長し続けています。

AWSの顧客は世界中の企業や政府機関であり、ここにサーバやデータベースを提供しています。

さらに広告サービスが8%です。デジタル広告というとグーグルやフェイスブックが有名です。しかしアマゾン・ドット・コムもオンラインショッピングを運営している企業ならではの特性を生かした広告サービスを展開しています。

そしてサブスクリプションサービスが7%です。これはアマゾン・プライムやオーディブルなど、映像コンテンツや音楽、音声コンテンツなどの定額制サービスです。この会員数が毎年増加していて、世界中に2億人超の会員を抱えています。

特にアマゾン・プライムの会員は、総じて購買意欲が強く、他の会員に比べてショッピングをするにあたって使う金額が大きいという特徴が見られます。ロイヤリティの高い顧客を囲い込むことによって、オンラインショッピングの売上増につなげているのです。

このように多角的な事業展開で高い成長を続けているものの、問題はあまりにも事業規模が大きくなり過ぎて、米国では独占禁止法に触れるリスクも生じています。実際に投資するにあたって、この点には留意しておく必要はありそうです。この点を除けば死角なしといっても良さそうです。

米国株式

ネクステラ・エナジー（NEE）

フロリダ州に地盤を持つ、米国を代表する再生可能エネルギー企業です。

事業は2つあります。

ひとつはフロリダ・パワー&ライトという電力供給会社で、フロリダ州において590万件の顧客に電力を供給しています。フロリダ州の人口は増加傾向にあり、経済も安定的に成長しています。結果、電力の安定供給に対するニーズが多く、電力供給から安定した収入を得ています。

これは日本で生活していると、なかなか意識することはないのですが、米国では時折、大規模な停電が起こります。そのため、安定した電力供給は極めて重要であり、それを実現できる電力供給会社は高い評価を得ます。同社もインフラ整備に積極的な投資を行い、送電システムや配電システムの近代化を行うほか、エネルギーの効率化に注力しています。このビジネスが全体の7割を占めます。

もうひとつがネクステラ・エナジー・リソーシズで、再生可能エネルギーの開発を行っています。ここからもたらされる収益が3割を占めています。ちなみにネクステラ・エナジーは風力や太陽光などの再生可能エネルギーの発電量で世界最大級です。こうした再生可能エネルギーの発電によって、CO_2排出量の削減に取り組むのとともに、発電したエネルギーの貯蔵、効率的な管理など技術開発も行っています。

ネクステラ・エナジー(NEE)業績予想

決算	売上高	営業利益	税前利益	EPS	1株配当
19.12	19,204	5,353	3,836	2.09	1.25
20.12	17,997	3,616	2,413	2.31	1.4
21.12	17,069	2,913	3,175	2.55	1.54
22.12	20,956	4,081	3,832	2.90	1.7
23.12	28,114	10,237	7,288	3.17	1.87
24.12(予)	27,476	9,748	7,045	3.42	2.05
25.12(予)	29,815	10,956	8,060	3.68	2.25

(単位:百万ドル)

再生可能エネルギーへの移行は世界的な流れであり、米国内においては民主党政権でも共和党政権でも、進めなければならない国策です。つまり政権がいずれになったとしても、影響はありません。業績も着実に伸びており、10期連続配当を実現しています。

米国株式
パランティア・テクノロジーズ（PLTR）

ソフトウェアやITサービスの会社で、特徴的なのは米国政府機関がメインの顧客であるSIerであることです。

米国の著名投資家であるピーター・ティールによって立ち上げられた企業です。AIを活用して、非常に強力なデータ分析ツールを提供しています。データは21世紀の石油などと言われ、その収集、分析は、企業だけでなく国家の生き残りをも大きく左右します。

同社の強みは膨大なデータを迅速に解析し、そこから一定の洞察を導く点にあります。

たとえば企業の場合、顧客データや社内の人事データ、財務や業績などのデータなど、さまざまな種類のデータを持っています。ただし、これらは部署ごとに違ったフォーマットで、バラバラに管理されているケースが一般的です。何よりも文書や数字、映像、音声といった異なるメディアで保存されているデータを、横断的に分析、解析するには膨大な

パランティア・テクノロジーズ（PLTR）業績予想

決算	売上高	営業利益	税前利益	EPS	1株配当
21.12	1,541	-411	-488	-0.27	―
22.12	1,905	-161	-361	0.06	―
23.12	2,225	119	237	0.25	―
24.12(予)	2,759	366.89	504	0.36	―
25.12(予)	3,337	490.48	666	0.43	―

（単位：百万ドル）

時間が取られますし、洞察を導くのも困難です。

しかし同社はＡＩを用いて、それを可能にします。たとえば米国の国防総省が軍事作戦を展開する時、写真や動画監視カメラに収められた動画を整理して、それをひとつのプラットフォームに落として行動判断ができるようにするのです。こうした政府向けの売上が全体の６割を占めており、国防総省の他、ＣＩＡやＦＢＩなどの情報・捜査機関を中心にして、国防やテロ対策、サイバーセキュリティなどの分野に活用されています。

特筆すべき点は、このような国家安全保障や防衛関連に絡んだ政府関係機関の仕事は、非常に長い契約が結ばれることと、そう簡単に他の事業者に変えられないというメリットがあることです。政府関係機関としては、取引先を変更することによってシステム全体を見直す手間がかかりますし、過去のトラックレコードの継続性も重要になってくるからです。結果、景気の影響を受けにくいという特徴もあります。

また売上の残り４割は、民間企業向けにパランティア・ファウンドリーというプラットフォームを提供しています。メーカーやエネルギー会社、金融機関などさまざまな業種において企業データを分析し、コスト削減やデータに基づく意思決定の最適化をはかります。

なお、同社のサービスは米国内だけでなく、英国やその他の国にも提供されています。

米国株式

インテュイティブ・サージカル（ISRG）

手術支援ロボットである「ダビンチ」を開発・販売している企業です。主に心臓外科、泌尿器科、婦人科で使われており、遠隔手術を可能にします。

ダビンチによる手術支援だけでなく、手術のデータを集めて、手術の技術力を向上させたり、結果の予測可能性を高めたりするなど、周辺事業にも注力しています。ちなみにダビンチは現在、71カ国に8600万台以上、設置されています。

興味深いのは収益の生み出し方です。主力製品であるダビンチの新規導入、システムのアップグレードからもたらされる売上は、全体の22％程度しか占めていません。

一方、収益の大半を生み出すのは、ダビンチのシステムに使われている消耗品や各種器

インテュイティブ・サージカル(ISRG)業績予想

決算	売上高	営業利益	税前利益	EPS	1株配当
19.12	4,478	1,374	1,502	4.25	—
20.12	4,358	1,049	1,207	3.39	—
21.12	5,710	1,821	1,890	4.96	—
22.12	6,222	1,577	1,606	4.68	—
23.12	7,124	1,766	1,958	5.71	—
24.12(予)	8,092	2,184	2,546	6.81	—
25.12(予)	9,380	2,641	2,976	7.79	—

(単位：百万ドル)

具、アクセサリーの交換需要によるものです。これが売上全体の62%を占めています。結局、ダビンチを導入したら、こうした交換パーツを同社から購入し続けなければならず、これが安定した収益をもたらしているのです。

世界的に、これから高齢化が進んでいきます。こうしたなか低侵襲《ていしんしゅう》手術といって、患者の身体に与えるダメージを最小限にする手術に対するニーズは、患者のQOLという観点からも重要になってきます。ダビンチは、まさにこの低侵襲手術を行うためのロボットなので、これからのニーズは一段と高まる可能性があります。

しかも、現在行われている手術のなかでダビンチを用いて行われるものは5%程度です。つまり拡大の余地も大きいのです。

現在、ダビンチはどんどん進化しており、遠隔地からの手術でも、実際に患者に触れて行っているのと同様な感覚が伝わるシステムにまで発展しています。将来的には、手術の状況に応じてさらに進めるべきか、それともやめるべきかの判断を下すためのサインも出るようになるでしょう。つまり、非常に優秀な外科医の技術を、どの医者でも使えるようになるのです。

また、医療分野なのでさまざまな承認を受ける必要があります。そのため高い参入障壁もあり、他の企業が簡単に参入することができません。この点も、同社の安定収益確保に奏功します。

米国株式
レイドス・ホールディングス（LDOS）

広義のＩＴサービス提供会社なのに、売上の55％が防衛ソリューション事業からもたらされています。サイバーセキュリティや監視、諜報活動、軍事防衛関連が強みで、米国の国防総省をはじめ、世界の防衛関連機関をクライアントにしています。

民間部門の事業は交通システムや航空管制等向けシステムの提供で、売上の21％を占めています。

さらにヘルスケア分野にも強く、売上の16％を占めています。退役軍人局に対する電子医療記録、患者データの管理に関連したシステムを提供しています。

レイドス・ホールディングス（LDOS）業績予想

決算	売上高	営業利益	税前利益	EPS	1株配当
19.12	11,094	912	866	5.17	1.32
20.12	12,297	998	781	5.83	1.36
21.12	13,737	1,149	967	6.62	1.4
22.12	14,396	1,088	886	6.60	1.44
23.12	15,438	621	403	1.55	1.46
24.12(予)	16,297	1,630	1,482	9.07	1.55
25.12(予)	17,016	1,705	1,550	9.56	1.62

（単位：百万ドル）

そして、残りの８％がアドバンスト・ソリューションで、ＡＩや機械学習を活用したソリューションを、政府機関向けに提供しています。

特に昨今はサイバー攻撃の問題がどの国でも深刻化しています。同社はサイバーセキュリティ技術に長《た》けており、リアルタイムでサイバー攻撃の脅威を検知し、それに対処します。Ｍ＆Ａにも積極的で、それを活用して新しい技術を取り込むことも行っています。

また同社は米国空軍研究所と提携し、マッハ５を超える音速飛行が可能な「メイハム」という次世代のハイパーソニック（極超音速）システムの開発に取り組んでいます。

なお、これらの株式は長期にわたって上昇すると考えるものの、一時的な下げはあるため、一度にまとめて投資するのではなく時間の分散で投資することをお勧めします。

おわりに

最後まで読んでいただき、ありがとうございます。

この本を読んで米国株投資の魅力をご理解いただけたでしょうか？

本書の原稿の最終チェックをしている10月後半にもＳ＆Ｐ５００は史上最高値を更新しています。

外国株投資のリターンには為替の動きも大きく影響します。２０２０年末に1ドル１０３円のレベルだった為替も現在1ドル１５０円を超えています。Ｓ＆Ｐ５００指数の上昇に加え、ドル高の恩恵も手伝ってくれるという、外国株投資にとって理想的な展開となっています。

そんななか、もうすぐ大統領選挙が行われます。本書が書店に並ぶ頃には選挙の結果がわかり、ハリス副大統領がバイデン政権の2期目を引き継ぐのか、それともトランプ前大統領がトランプ２・０で4年前にやり残した政策をより強力なものにしていこうとするのかがはっきりしているはずです。

投資家は、これから4年間米国をリードしていく大統領下における米国株の行方を気にしています。しかし実はそのような懸念は不要で、結論を言うと、どちらが大統領になっても米国株は上がり続けるはずです。

それは米国という国が完璧だからなのかというと、決してそんなことはありません。


私は16歳、高校生の時に初めて渡米、最終的にニューヨークにある米国証券会社で働く機会も含めて10年ほど北米で生活しました。日本と比べて良い点もある一方、移民の国である米国は単一民族や共通言語で構成された日本に住む私たちには理解しにくい複雑な問題を抱えています。銃を使った犯罪率も高く、たまに米国で歩くと東京の街を歩くより緊張してしまいます。

そんな問題を抱えていても米国はダントツに強い国なのです。なんやかんや言っても世界中の移民がもっとも行きたい国が米国なのです。みんなが自由に不平不満を言うものの、それでも彼らにとって米国は居心地が良い国だから住み続けているのです。なぜか不思議な魅力を抱えているのが米国なのです。

そんな米国で長期的に資産を形成する「投資」をしたいのであれば、目先の株価の値動きに左右されず、大局観を持ってどんと構えて投資を継続することが大切です。私がマネックス証券で米国株のセミナーを行うと、必ず「米国株はそろそろ下がりますか？」とか、「ここから米国株を買っていってもよいのでしょうか？」という不安げな質問を受けることがあります。

本書でしっかり説明したと思いますので、ここで詳しくは語りませんが、基本的な考えとして、米国はこれから長期的に人口も増え、経済の規模も増える見込みです。

グローバル企業として高いブランド力を誇る米国企業の消費やサービスは海外でも人気があります。実際、日本のテレビのコマーシャルを見ても、ほとんどの番組で米国企業のコマーシャルが含まれています。このような状況は決して日本だけではありません。

加えて今後ARやVR、そして生成AIのような新たなテクノロジーを進化させ、世界の人たちの生活をより利便性の高く、生産性の高いものに変えてくれるのは米国発のものが多いのではないでしょうか。そんな米国企業は今後も業績を伸ばしていくという大きな流れは変わることはないでしょう。そんななか、これまで続けてきた米国株の上昇が今年かぎりでとまることもないはずです。

だからといって、もちろん米国株が一直線で上昇を続けるわけではありません。

S&P500は、長い歴史の中で5%以上の調整を平均1年間で3回ほど、10%以上の調整は平均1回ほど経験してきました。マーケットも人間と同じで、いつも調子が良いわけではありません。人間が風邪をひいたり病気をしたりするのと同じように、経済はリセッションを経験したり、稀ですがパンデミックショックを経験したりすることがあるのです。これまでの長い米国株の歴史を見ると、そのような局面では下げを恐れて売るよりも、勇気を持って買ったほうが資産形成にプラスに働いてきたのです。

そのようなことを十分に理解し、長期的な視点を忘れないで皆さんの資産の一部でいいから、米国株の投資に回されたらいいのではないかと信じています。

宮崎県日南市にて　岡元兵八郎

株式投資はリスクをともないます。リスクを勘案した上で、ご自身の判断で投資するようにお願いいたします。いかなる結果に対しても著者、弊社ともに責任は負いかねます。あらかじめご了承ください。

ビジネス社編集部

【著者略歴】

岡元 兵八郎（おかもと・へいはちろう）

マネックス証券 専門役員チーフ・外国株コンサルタント兼マネックス・ユニバーシティ シニアフェロー

1963年宮崎県生まれ。1987年上智大学を卒業後、ソロモン・ブラザーズ・アジア証券（現シティグループ証券）入社、東京、ニューヨーク本社勤務を含め26年間同社にて一貫して機関投資家相手の外国株式の営業、外国株式関連商品業務に携わる。2000年より2013年まで日興ソロモンスミスバーニー証券（現シティグループ証券）にて外国エクイティ部マネージング・ディレクターとして機関投資家向けの外国株式セールス、セールストレーディング部門を統括、54か国の株式市場の執行業務を行う。

2013年末より、SMBC日興証券株式会社で、個人投資家向けに米国株式投資情報の調査、発信を行う。2019年10月からはマネックス証券にて、個人投資家向けに米国株を中心とした外国株投資情報の提供、長期投資の啓蒙活動を行う。世界各国の運用会社、証券会社、取引所の経営陣との親交も厚い。訪問した国の数は80か国を超える。金融関係雑誌の執筆、テレビ、オンライン動画配信等メディアのレギュラー出演多数。

著書に『資産を増やす米国株投資入門』（ビジネス社）、『日本人が知らない海外投資の儲け方』（ダイヤモンド社）がある。

著者X（旧ツイッター）@heihachiro888

好評連載！『岡元兵八郎の米国株マスターへの道』

https://media.monex.co.jp/category/okamoto

編集協力／鈴木雅光

本当に資産を増やす米国株投資

2024年12月1日　第1刷発行

著　者　岡元　兵八郎

発行者　唐津　隆

発行所　株式会社ビジネス社

〒162-0805　東京都新宿区矢来町114番地 神楽坂高橋ビル5F

電話　03(5227)1602　　FAX　03(5227)1603

URL　https://www.business-sha.co.jp

〈カバーデザイン〉中村聡

〈本文DTP〉メディアネット

〈印刷・製本〉株式会社広済堂ネクスト

〈編集担当〉本田朋子　〈営業担当〉山口健志

ISBN978-4-8284-2681-5